# Wohnen & Garten
# Das Kochbuch

Lifestyle premium
BUSSE SEEWALD

**DANKSAGUNG**
Wir bedanken uns bei der Firma Le Creuset GmbH
für die freundliche Unterstützung.

© Verlag BusseSeewald GmbH, Herford 2010
Geschichten aus Wohnen & Garten:
M.I.G. Medien Innovation GmbH, Offenburg
Layout: spoon design, Langgöns
Druck und Verarbeitung:
Offizin Andersen Nexö Leipzig GmbH, Zwenkau
ISBN 978-3-512-03345-2

# Inhalt

## *Januar*
**Weiße Pracht & Heiße Genüsse** ............ 7
Neujahrsfrühstück ........................................ 8
Eintöpfe ...................................................... 14
Bananen ...................................................... 20

## *Februar*
**Die letzten Wintertage** ....................... 27
Berliner und Krapfen ................................. 28
Valentinstag-Kaffee .................................... 32

## *März*
**Frühlingsanfang** ...................................... 39
Variationen vom Ei ..................................... 40
Sprossen und Keimlinge ............................ 46

## *April*
**Rendezvous mit dem Lenz** ................. 53
Radieschen und Rettich .............................. 54
Junger Spinat .............................................. 60

## *Mai*
**Feiern im Wonnemonat** ...................... 65
Bowlen ........................................................ 66
Zum Muttertag ........................................... 72
Spargel ........................................................ 78

## *Juni*
**Rosen und Erdbeeren** ........................... 85
Kaffee im Rosengarten ............................... 86
Erdbeeren .................................................... 92

## *Juli*
**Sommerliche Tafelfreuden** ................. 97
Kalte Suppen .............................................. 98
Mediterrane Kräuter ................................ 104
Fruchtsäfte ................................................ 108

## *August*
**Köstlichkeiten für alle Sinne** ........... 113
Fischessen wie in der Bretagne ................ 114
Rezepte mit Olivenöl ................................ 120
Speisen wie in Marokko ........................... 124

## *September*
**Spätsommerliche Genüsse** .............. 129
Spätsommer-Buffet ................................... 130
Apfellust .................................................... 136

## *Oktober*
**Herbstliche Gaumenfreuden** ........... 141
Rezepte für den Herbst ............................. 142
Rotkohl ...................................................... 148

## *November*
**Wenn die Tage kürzer werden** ......... 153
Im Reich der Pilze .................................... 154
Feuerzangenbowle & Co. ......................... 160

## *Dezember*
**Kerzenschein & Festtagsstimmung** 165
Pasteten und Terrinen .............................. 166
Silvestermenü ........................................... 170

Foto- und Autorennachweis .................... 176

# Köstlichkeiten für alle Jahreszeiten …

ANDREA KÖGEL
CHEFREDAKTEURIN
WOHNEN & GARTEN

… das ist es, was unser Herz begehrt. Und so haben wir für Sie aus Wohnen & Garten die besten Rezepte für jeden Monat zusammengestellt. Denn tatsächlich beeinflussen die Jahreszeiten unsere Gelüste: Im Winter lieben wir deftige Eintöpfe, im Frühjahr leichte Variationen von jungem Gemüse und Sprossen. Im Wonnemonat Mai und im Juni stehen viele Feste an: Muttertag und der Kaffee im Rosengarten. Der langersehnte Auftritt von Spargel und Erdbeeren will ebenfalls kulinarisch gefeiert werden und spritzige Bowlen schmecken jetzt am besten. Im Sommer ist uns nach kühlen Suppen und aromatischen Fruchtsäften, mediterranen Gerichten mit Olivenöl und Kräutern, während im Herbst der Apfelkuchen lockt. Mit einem spätsommerlichen Buffet oder einem Winzerfest beschließen wir die Saison im Freien. Wenn die Tage kürzer werden, erfreuen wir uns an Pilzen und Pasteten und steht dann der Advent vor der Tür, stimmen wir uns mit Feuerzangenbowle und Gewürzkuchen auf die Festtage ein.

Begleiten Sie uns also durch ein Jahr voller Genüsse, mit großen und kleinen Festen, oder verwöhnen Sie sich selbst. Denn bei unserem Kochbuch geht es nicht nur um leckere Rezepte und gutes Essen, sondern auch um eine fantasievoll gedeckten Tisch, eine sinnesfrohe Atmosphäre und einen genussvollen Lebensstil.

In diesem Sinne

Guten Appetit!

Ihre Andrea Kögel

## Das schmeckt uns im

# Januar
### Weiße Pracht & Heiße Genüsse

**Lachs mit Hüttenkäse aus dem Ofen** .................................. 13

**Honigquark mit Beeren und Puderzucker** ....................... 13

**Blini mit Frischkäse und Räucherlachs** ............................. 13

**Orangenmarmelade** ................................................................. 13

**Scones** ........................................................................................... 13

**Champignon-Steinpilz-Suppe** .............................................. 18

**Buchweizenknödel** ................................................................... 19

**Sauerkrautstrudel** ..................................................................... 19

**Schwarzwurzeln mit Feldsalat** ............................................. 19

**Räucherschinkentopf** .............................................................. 19

**Bananenpudding** ...................................................................... 24

**Gebackene Eiscreme** ................................................................ 25

**Bananenbrot mit Nüssen und Ahornsirup** ...................... 25

**Bananenmarmelade mit Kiwi** ............................................... 25

**Exotische Bananensuppe** ....................................................... 25

**Bananen-Kokos-Tarte** .............................................................. 25

**Good Morning**
*Unschuldig weiß und ländlich verspielt wirkt dieser Becher mit geschwungenem Henkel*

*No business before breakfast – das gilt erst recht für die ersten Stunden des neuen Jahres mit britischem Stil und Köstlichkeiten*

Der Zauber des Anfangs zeigt sich vor allem in den kleinen Dingen. Nach der rauschenden Silvesternacht ist Stille eingekehrt. Die Welt beginnt sich etwas später zu regen als gewöhnlich, und so können wir das neue Jahr in aller Ruhe mit gebührender Noblesse in der Morgensonne begrüßen. Es ist die Zeit, sich einfach verwöhnen zu lassen, beim Frühstück, dem ersten Rendezvous des Tages. Es päppelt die Seele und ist der richtige Moment für eine Kultur der Muße. Laden Sie liebe Freunde dazu ein, gemeinsam einen stimmungsvollen Anfang mit Lichterglanz und guten Wünschen zu genießen. Große Küchenakrobatik ist hierbei nicht vonnöten, denn der Duft von Croissants und frisch gebrühtem Kaffee am festlich gedeckten Tisch ist an Luxus kaum zu übertreffen und wird alle Gäste zielsicher

Blini mit Kräuterlachs

Lachs mit Hüttenkäse aus dem Ofen

**Schaustücke**
*Hartgekochte Eier mit verschiedenen Toppings – Häubchen mit Avocado-, Paprika-Chili- oder Prosecco-Creme – sind verspielte Blickpunkte auf dem Frühstückstisch.*

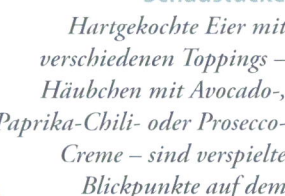

*Wunderbare Aussichten für alle Genießer am Neujahrstag: ein Morgenmahl de luxe*

an die Tafel locken, so dass wir wenig später in klassischer Eleganz bis in die Nachmittagsstunden hinein genussvoll speisen und erzählen können. Über all der Kulinarik werden die Weichen für das Kommende gestellt, Pläne geschmiedet und Vergangenes in der Erinnerung verankert. Wenn der Jahreswechsel überschwänglich und glamourös begangen wurde, dann hilft ein reichhaltiges und abwechslungsreiches Mahl, die Lebensgeister wieder zu wecken. Mit frischem Obst, Variationen von Ei und Lachs, Honigquark mit Beeren oder Früchtemüsli. Für jeden Geschmack ist etwas dabei. Und es lohnt durchaus, mal über den Tellerrand zu schauen. An solch einem Tag des Neubeginns fällt es viel leichter, Gewohnheiten mit heiterer Genüsslichkeit

**Duftende Rundstücke**
*Frische Brötchen sind echte Goldstücke und Glücksbringer am Neujahrstag. Es gibt köstliche Variationen auch zum Aufbacken.*

zu durchbrechen. Denn ob das Frühstück in hektischer Oberflächlichkeit oder zum sinnlichen Behagen genossen wird, ist eine Frage von Stil und Kultur. Dafür müssen wir nur etwas Zeit opfern und ein wenig liebevolle Sorgfalt investieren. So eingestimmt steht der neue Tag und der Beginn des neuen Jahres auf einer sicheren Basis, die allen Widrigkeiten mit einem Lächeln begegnet.

*Highlights mit Nostalgiewert gehören zum klassischen Repertoire*

## Orangenmarmelade

**Es ist angerichtet**
*in raffinierter Schlichtheit, gepaart mit britischer Eleganz. Die richtige Präsentation lässt selbst Müsli und Honigquark mit Beeren in einem festlichen Licht erscheinen. Dazu frische Blumen, und das Aufstehen am Neujahrsmorgen wird niemandem mehr schwerfallen*

## Honigquark mit Beeren

# Frühstücks-Rezepte

### LACHS MIT HÜTTENKÄSE AUS DEM OFEN

*Zutaten für 2 Personen:*
*400 g Hüttenkäse, 50 g frischer Meerrettich, 1 EL Zitronensaft, 2 Eiweiß, 200 g Räucherlachs, 2 Zweige Dill, Salz, weißer Pfeffer.*
Zubereitung: Meerrettich schälen und fein reiben, mit Zitronensaft mischen. Eiweiße zu einem festen Schnee schlagen. Hüttenkäse mit dem Meerrettich vermengen, mit Salz und Pfeffer würzen, den Eischnee unterheben. Hüttenkäse auf zwei ofenfeste Teller oder Schälchen verteilen, den Lachs in die Mitte geben. Bei 160 Grad Umluft 15–20 Min backen. Die heißen Teller aus dem Ofen nehmen, mit Dill garniert servieren.

### BLINI MIT FRISCHKÄSE UND RÄUCHERLACHS

*Zutaten für 20 Stück: Blini:*
*3 Eier, 150 g Buchweizenmehl, 50 g Mehl, 10 g Hefe, 250 ml lauwarme Milch, 2 EL flüssige Butter, 1 Prise Salz, Butterschmalz zum Braten. Belag: 200 g Frischkäse, 100 g Sahnejoghurt, 1 TL Zitronensaft, Pfeffer aus der Mühle, 150–200 g Lachs, einige Rucolablätter*
Zubereitung: Eier trennen. Mehl und Buchweizenmehl mischen. Hefe in der Milch auflösen und mit der flüssigen Butter, Eigelb und Salz unter das Mehl rühren, zugedeckt an einem warmen Ort gehen lassen. Eiweiße steif schlagen und vor dem Backen unter den Teig ziehen. Etwas Butterschmalz in einer Pfanne erhitzen, mit einem Esslöffel Teighäufchen hineinsetzen, etwas flach drücken und von beiden Seiten goldbraun braten, warm stellen. Frischkäse mit Joghurt verrühren, mit Zitronensaft abschmecken. Blini mit der Frischkäsemischung bestreichen, locker mit Lachs belegen, pfeffern und mit Rucola garniert servieren.

### HONIGQUARK MIT BEEREN UND PUDERZUCKER

*Zutaten für 4 Personen:*
*500 g Quark (Magerstufe), etwas Mineralwasser mit Kohlensäure, 3–4 EL flüssiger Honig, 120 gemischte Beeren (ggf. tiefgekühlt), Puderzucker zum Bestäuben*
Zubereitung: Den Magerquark mit etwas Mineralwasser mit Kohlensäure cremig aufschlagen, dann den Honig dazugeben und weiter aufschlagen. In vier Schälchen füllen. Gemischte Beeren ggf. langsam auftauen lassen und gleichmäßig auf die Schälchen verteilen. Mit Puderzucker überstäuben und mit einem Klecks Honig garnieren.

### ORANGENMARMELADE

*Zutaten für 5–6 Gläser à 350 g:*
*1,2 kg Orangen, incl. Saft, Abgeriebenes von zwei Bio-Orangen, ca. 600 g Gelierzucker (2:1), 4 cl Orangenlikör, Saft von 1 Zitrone.*
Zubereitung: Orangen mit einem scharfen Messer gründlich schälen, Fruchtfleisch fein würfeln, Kerne entfernen und Saft auffangen. Fruchtmasse mit Saft, abgeriebener Orangenschale, Orangenlikör und Zitronensaft mischen, abwiegen, mit Gelierzucker nach Packungsangabe mischen und zugedeckt über Nacht ziehen lassen. Dann in einen Topf geben, aufkochen und ca. 4 Min. sprudelnd kochen lassen, in Gläser füllen, fest verschließen, für einige Min. auf den Kopf stellen und abkühlen lassen. Auf Vollkornbrot mit Butter servieren.

### SCONES

*Zutaten für 8–10 Personen:*
*225 g Mehl, 1 TL Backpulver, 1 TL Zucker, 1/2 TL Salz, 50 g weiche Butter, 1 Becher Joghurt, 150 g Crème fraîche, 1 Eigelb zum Bestreichen*
Zubereitung: Alle Zutaten bis auf den Joghurt miteinander vermischen und mit so viel Joghurt verkneten, dass der Teig gut zusammenhält, dann 2 cm dick ausrollen, mit runden Förmchen ausstechen, mit verquirltem Eigelb bepinseln und im heißen Backofen bei 200 Grad 10 bis 15 Min. goldgelb backen.

# Grüße von der *Alm*

**Etwas Warmes**
*Nach einem Tag in den Bergen ist ein würziger Eintopf die richtige Stärkung. Sein gehaltvolles Wesen nährt Körper und Seele. Stilecht serviert wird er im bäuerlichen Geschirr zusammen mit knusprigem Brot*

Räucherschinkentopf

## Köstliche Rezepte für Gipfelstürmer

**So schmeckt der Urlaub**
*Frische Milch, Sahne, Zimt, Honig und feinster Kakao kommen in die geliebte heiße Schokolade. Mit einem Schuss Rum wird daraus der passende Aperitif zum Alpenglühen*

**Domizil mit Fernsicht**
*Still und menschenleer ist es auf der tief verschneiten Alm. Holzhütten tragen weiße Hauben und drinnen in der urigen Wohnküche werden zünftige Spezialitäten zubereitet und serviert*

Sauerkrautstrudel

**Alpenklang**
*Ein charmantes Erinnerungsstück an herrliche Urlaubstage sind reich verzierte Kuhglocken, wie sie vom stolzen Milchvieh zum Almauf- und -abtrieb getragen werden*

*Stress und Lärm sind vergessen hoch oben in den Bergen. Viele kleine Dinge scheinen die Tage zu verzaubern – und auf die Teller kommen bodenständige Leckerbissen*

## Still genießen, dem Himmel ein Stückchen näher

**Ein altes Gemüse**
*im neuen Kleid. Aus den Schwarzwurzeln, einem Wintergemüse, das gerne nach Spargelart zubereitet wird, entsteht heute eine aromatische Vorspeise im Sesammantel*

**Einfache Genüsse**
*Ein Glas frische Milch direkt aus der Kanne schmeckt einfach köstlich und so ganz anders als aus der Papptüte im Supermarkt*

Schwarzwurzeln mit Feldsalat

**Knuspriger Laib**
*Roggenbrot, noch warm aus dem Ofen, ist eine Köstlichkeit. Dazu rahmige Bauernbutter und Räucherspeck – fertig ist das Hüttenvesper*

Glitzernde Landschaften, strahlende Farben von Schneeweiß bis Himmelblau, so weit das Auge reicht. Berggipfel erheben sich zu einem beeindruckenden Panorama. Und der knirschende Schnee unter den dicken Stiefeln liefert zusammen mit dem Bergwind eine sanfte Begleitmelodie. Die Natur ruht unter einer frostigen Decke und dennoch bestimmt sie den Rhythmus. Die Sonne geht schon früh schlafen, als Nachhut leuchten rosa Abendwolken am Himmel, die langsam in ein sattes Pink übergehen, bis sie wenig später dem Sternenzelt die Bühne freigeben. Das Läuten der Kuhglocken und Meckern der Ziegen ist nur noch in Stallnähe zu vernehmen. Kaminfeuer und Kerzenlicht haben jetzt Hochsaison. Und die Schönheit des bäuerlichen Lebens und die köstlichen Spezialitäten, die es hervorzubringen vermag, können auch Städter beim zünftigen Hüttenabend in vollen Zügen genießen und sich dabei wie Heidi und Ziegenpeter auf der Alm fühlen. Milchkannen und derbe Holzschalen dienen hier nicht nur als Dekoration. Grob gewebte Geschirrtücher mit Karomustern bewahren davor, sich die Finger zu verbrennen, wenn die Vorbereitungen für das Abendessen in vollem Gange sind. Brot- und Strudelteige werden geknetet, Knödel geformt und Schwarzwur-

**Behagliche Wohnküche**
*Einmal leben wie Heidi auf der Alm. Zum Après-Ski der gediegenen Art lädt diese im Hütten-Stil gedeckte Holztafel ein. Die Köstlichkeiten auf dem Herd stehen in greifbarer Nähe und im Kamin prasselt ein behagliches Feuer*

Buchweizenknödel mit Speck

## Winterfreuden in schneeweißer Kulisse

**Gute Stube**
*Die charmante Bauernstube aus Holz erinnert an Großmutters Zeiten: Hölzer in warmen Tönen, kombiniert mit Karostoffen in frischem Blau*

**Ein heißes Glas Punsch**
*ist in der klaren Bergluft umso köstlicher: Aromatische Säfte von Schlehe, Kirsche und Orange werden dafür erhitzt und mit feinen Gewürzen und Mandellikör veredelt*

zeln ausgebacken, Suppe und Eintopf gerührt und die hausgemachten Spezialitäten anschließend an der urig eingedeckten Holztafel am Kamin mit Genuss verzehrt. Später am Abend holen alle noch mal Mütze und Schal hervor, um das letzte Gläschen Bergkräuterschnaps auf der Terrasse zu trinken. Hier hat sich der jungfräuliche Schnee mittlerweile luftig aufgetürmt und verleitet zu einer ausgelassenen Schneeballschlacht, die besser wirkt als jeder Verdauungsspaziergang. Und die hohen Berge liegen wie schlafende Riesen im Dunkeln, nur die Schatten sind zu sehen, doch gerade deshalb funkeln die Sterne am nachtschwarzen Himmel umso schöner.

### CHAMPIGNON-STEINPILZ-SUPPE

*Zutaten für 2 Personen: 600 ml Gemüsebrühe, 10 g getrocknete Steinpilze, 250 g Champignons, 2 rote Zwiebeln, 1 Knoblauchzehe, 2 EL Rapsöl, Salz, Pfeffer aus der Mühle, 60 g Kasseler, Petersilie, 2 EL Crème fraîche, 2 EL Sahne.*

Zubereitung: 150 ml Brühe erhitzen. Die getrockneten Steinpilze putzen und in der heißen Brühe einweichen. Champignons putzen und je nach Bedarf klein schneiden. Zwiebeln und Knoblauch schälen und würfeln. 1 EL Öl in einem Topf erhitzen. Zwiebeln und Knoblauch darin glasig schwitzen. Steinpilze abtropfen lassen, Brühe dabei auffangen. Champignons und Steinpilze zu den Zwiebeln geben und anbraten. Mit übriger Brühe und Steinpilzbrühe ablöschen, mit Salz und Pfeffer würzen. Ca. 15 Min. köcheln lassen. Kasseler in sehr feine Würfel schneiden. Restliches Öl in einer Pfanne erhitzen. Das Fleisch darin kurz anbraten, mit Pfeffer würzen. 2 EL Champignons aus der Brühe nehmen. Restliche Pilze in der Brühe pürieren. Crème fraîche einrühren. Die Suppe mit Salz und Pfeffer abschmecken und auf Schälchen verteilen. Je einem EL Sahne, Kasselerwürfel, Pilze und Petersilie daraufgeben.

# Rezepte

### BUCHWEIZENKNÖDEL

*Zutaten für 10 Knödel: 300 g trockenes Roggenbrot vom Vortag, 1–2 Tassen Milch, ½ Zwiebel, gehackt, 1 Knoblauchzehe, gehackt, 3 EL Öl, 4 EL kleingeschnittenes Lauchgrün, 150 g Speck, 1 Kartoffel, 200 g grobes Buchweizenmehl, 1 TL Salz.*

Zubereitung: Brot kleinschneiden und 1 Tasse Milch darübergießen, einweichen lassen. Zwiebel und Knoblauch in Öl glasig schwitzen, über das Knödelbrot geben. Lauchgrün, klein gewürfelten Speck und die geriebene rohe Kartoffel untermischen, zum Schluss mit dem groben Buchweizenmehl vermengen. Falls die Masse zu trocken erscheint, noch etwas Milch dazugeben. Salzen. Einen Probeknödel kochen, und falls er zerfällt, noch etwas Mehl unter die Masse mischen. Dann 10 Knödel formen und in leicht köchelndem Salzwasser in 15–20 Min. gar ziehen lassen.

### SAUERKRAUTSTRUDEL

*Zutaten für 4 Personen: Für den Strudelteig: 200 g Mehl, ½ TL Salz, 1 Ei, 2 EL Öl, ca. 4 EL lauwarmes Wasser, 2 EL flüssige Butter;
Für die Füllung: 200 g Zwiebeln, 1 rote Paprikaschote, 100 g geräucherter, durchwachsener Speck, 150 g gekochter Schinken, 350 g rohes Sauerkraut, 1 säuerlicher Apfel (z.B. Boskop), 4 Eigelb, 150 g Crème fraîche, ½ TL getrockneter Majoran, Salz, Pfeffer aus der Mühle, Muskat, 1 EL Senf.*

Zubereitung: Alle Teigzutaten außer der Butter zu einem glatten Teig verkneten, mit Öl bepinseln in einer angewärmten Schüssel ca. 30 Min. ruhen lassen. Zwiebeln schälen. Paprika waschen, halbieren, entkernen und alle weißen Innenhäute entfernen. Speck und das Gemüse 1/2 cm groß würfeln. Speck auslassen, Zwiebeln darin glasig dünsten. Vom Herd nehmen und Paprikawürfel unterrühren. Gekochten Schinken ca. 1 cm groß würfeln. Sauerkraut gut ausdrücken und grob hacken. Apfel waschen, schälen, halbieren. Das Kerngehäuse herausschneiden und ca. 1 cm groß würfeln. Schinken, Sauerkraut und Apfel vermischen. Eigelbe mit der Hälfte der Crème fraîche verrühren und unterziehen. Sauerkraut-Mischung mit Salz, Pfeffer, Muskat und Majoran würzen. Restliche Crème fraîche mit Senf verrühren. Den Teig auf einem bemehlten Küchentuch rechteckig ausrollen und über die Handrücken hauchdünn ausziehen. Den Teig auf dem Tuch ausbreiten, die dickeren Ränder abschneiden. Backofen auf 200 Grad vorheizen. Strudelteig mit Senf-Crème-fraîche bestreichen, dabei die Ränder frei lassen. Erst Sauerkraut-Mischung, dann die Paprika-Mischung darauf verteilen. Linken und rechten Rand des Strudelteigs etwas einschlagen. Teig mit Hilfe des Küchentuchs locker aufrollen. Mit der Naht nach unten auf ein mit Backpapier ausgelegtes Backblech setzen. Mit flüssiger Butter bestreichen. Ca. 35 Min. backen. Aus dem Ofen nehmen, etwas abkühlen lassen. Zum Servieren in ca. 3 cm dicke Scheiben schneiden.

### SCHWARZWURZELN MIT FELDSALAT

*Zutaten für 4 Personen: 600 g Schwarzwurzeln, Salz, 1 TL Zucker, 3 EL Zitronensaft, 5 Scheiben Kastenweißbrot, 3 EL Mehl, 1 Ei, 5 EL weißer Sesam, 5 EL schwarzer Sesam (in türkischen Geschäften), Öl zum Ausbacken, 1 Orange, 1 Zitrone, 100 ml Rotwein, 1 Zimtstange, 2 Gewürznelken, 200 g Hagebuttenmark, 200 g Feldsalat, 2 EL Weißweinessig, 1 TL Senf, ½ TL Zucker, 6 EL Walnussöl, Pfeffer, 200 g Sprossen.*

Zubereitung: Schwarzwurzeln waschen, schälen und in kochendem Salzwasser mit Zucker und Zitronensaft ca. 6 Min. garen. Brot entrinden, in der Küchenmaschine fein mahlen, mit Sesam vermischen. Schwarzwurzeln erst in Mehl wenden, dann durch das verschlagene Ei ziehen und zuletzt in der Sesammischung wälzen. Schwarzwurzeln portionsweise im heißen Öl goldbraun frittieren. Für die Soße die Orange und Zitrone heiß waschen, abtrocknen und die Schale dünn mit Hilfe eines Sparschälers schälen. Den Saft auspressen und mit Schalen, Wein, Zimt und Nelken aufkochen und auf 1/3 reduzieren. Den Sud dann durch ein Sieb gießen, mit Hagebuttenmark verrühren, auskühlen lassen. Salat putzen, waschen, verlesen und trockenschleudern. Essig mit Zucker, Senf, Salz und Pfeffer verrühren und das Öl mit einem Schneebesen unterschlagen, abschmecken. Feldsalat und Sprossen mit dem Dressing vermengen und auf vier Teller verteilen. Zusammen mit den Schwarzwurzeln und der Soße servieren.

### RÄUCHERSCHINKENTOPF

*Zutaten für 4 Personen: 300 g getrocknete Erbsen, 3 Stangen Staudensellerie, 3 Möhren, 2 Kartoffeln, 2 Zwiebeln, 2 Knoblauchzehen, 1,5 l Gemüsebrühe, 300 g Räucherschinken am Stück, 3 EL Butter, Salz, Pfeffer, 4 Brühwürste, 2 EL gehackte Petersilie.*

Zubereitung: Erbsen in ausreichend Wasser über Nacht einweichen. Sellerie putzen und in Scheiben schneiden. Möhren und Kartoffeln schälen und in Würfel schneiden. 1 Zwiebel und die Knoblauchzehen schälen und fein hacken. Den Schinken in der Gemüsebrühe ca. 20 Min. garen, dann aus der Brühe nehmen. In einem großen Topf 2 EL Butter erhitzen. Gehackte Zwiebel, Knoblauch, Kartoffeln, Möhren und Sellerie darin andünsten. Eingeweichte Erbsen abgießen, in den Topf geben und die Brühe dazugeben. Alles knapp 1 Stunde köcheln lassen. In der Zwischenzeit die restliche Zwiebel schälen und in dünne Ringe schneiden. Das Schinkenstück in Würfel schneiden. Gemüsetopf mit einem Kartoffelstampfer grob stampfen und mit Salz und Pfeffer aus der Mühle würzen. Würstchen in Stücke schneiden und zusammen mit den Schinkenwürfeln in dem Eintopf erhitzen. In einer Pfanne restliche Butter erhitzen, die Zwiebelringe darin leicht bräunen und mit der Petersilie in den Eintopf rühren.

19

# Gelb und süß
## Bananen

Wer Bananen isst,
lebt gesund und glücklich

Bananen-Kokos-Tarte

**Warum ist die Banane krumm?**
*Zunächst hängen die Früchte der Schwerkraft gehorchend nach unten. Später wird durch Lichtenergie ein Hormon aktiviert, das die Früchte Richtung Sonne wachsen lässt*

Bananensuppe

**B**oris Becker aß sie während seiner kurzen Match-Pausen auf dem Tennis-Court und bei Marathonveranstaltungen werden sie als schneller Energiespender angeboten. Und das nicht ohne Grund: Die Banane enthält viel natürlichen Zucker, der sofort vom Körper aufgenommen wird, ideal also für Sportler, die körperliche Höchstleistungen bringen müssen. Außer nährenden Kohlenhydraten verbergen sich unter der gelben Schale viele, ebenfalls sättigende Ballaststoffe, die Mineralstoffe Kalium und Magnesium, sowie Vitamine, davon besonders wertvoll das Vitamin B6, Niacin und Folsäure. Ein besonderer Trumpf der Banane ist, dass

*Die Araber gaben ihr den Namen „banan", was so viel wie „Finger" bedeutet, angebaut werden die Früchte heute überwiegend in Süd- und Mittelamerika*

**Stiel-Blüten**
*Am Blütenstand bilden sich oben schon die ersten Früchte, während unten noch Blüten hängen. Hier erkennt man unter dem violetten Hüllblatt die röhrenförmigen Einzelblüten*

## Bananenbrot

**Bananenmarmelade**

sich bei ihrem Verzehr der Seratonin-Spiegel im Körper erhöht. Der als „Glückshormon" bekannte Botenstoff wirkt sich positiv auf das zentrale Nervensystem aus und sorgt für gute Laune. Essen Sie also Bananen, sie sind nicht nur in Stresssituationen eine ideale kleine Mahlzeit! Und so überaus praktisch zum Mitnehmen, denn ihre Verpackung liefern sie gleich selbst mit. Bis die Bananen bei uns im Supermarkt landen, haben sie allerdings einen weiten Weg hinter sich, da die wärmeliebende Staude ausschließlich im Tropengürtel der Erde angebaut werden kann. Die meisten Früchte stammen aus den Ländern Mittel- und Südamerikas. Bei der Ernte wird der ganze Fruchtstand, das bis zu 50 Kilo schwere „Büschel", abgeschlagen. Dann werden die sogenannten „Hände" abgetrennt, die aus 10–20 Bananen, den „Fingern", bestehen. Nach dem Waschen werden die noch unreifen Früchte in Kartons verpackt und treten

*Erst um das Jahr 1900 wurden Bananen aus Mittelamerika – gut gekühlt – nach Europa und in die Vereinigten Staaten verschifft*

**Perfekte Frucht**
*Bananen braucht man nur abzuschälen und schon kann man ins weiche Fruchtfleisch beißen. Auch als Bananenchips behalten sie ihre wertvollen Inhaltsstoffe, sind aber sehr energiereich!*

Löffel eintauchen und *genießen…*

Gebackene Eiscreme

### Bananen mögen es warm
*Im Kühlschrank würde die wärmeverwöhnte Tropenfrucht nur frieren und braune Flecken bekommen. Besser lagert man sie bei Zimmertemperatur in einer Obstschale*

### Bananensplit, der Dessertklassiker
*Dazu halbiert man eine Banane und garniert sie mit Vanilleeis, Schokosoße und gehackten Haselnüssen*

die zweiwöchige Reise über den Ozean an. In Europa angekommen, müssen sie erst in eine Bananenreiferei, bevor sie verkauft werden. Beim Einkauf muss man lediglich darauf achten, dass die Schale keine Risse oder Druckstellen hat. Ob man eher zu den grünen, noch nicht ganz ausgereiften, oder den sattgelben greift, bleibt dem eigenen Geschmack überlassen. Je gelber bis brauner die Bananenschale ist, umso süßer ist das Fruchtfleisch.

Wer die ganze Vielfalt der Banane entdecken möchte, sollte sich in Feinkostläden umsehen. Hier bekommt man auch die besonders intensiv schmeckende Babybanane, die aus der Karibik oder Afrika stammende Rote Banane oder die mehlige, in den Erzeugerländern als Kartoffelersatz verwendete Kochbanane.

**1** *Babybanane* **2** *Rote Banane*
**3** *Obstbanane* **4** *Kochbanane*

### Plantagenanbau
*Eine Bananenstaude trägt nur einmal in ihrem Leben Früchte, dann wird sie abgeschlagen. Weiterkultiviert wird eine ihrer Tochterpflanzen, ein vom Wurzelstock gebildeter Schössling*

### BANANENPUDDING
*Zutaten für 4 Personen:*
*4 Bananen, 8 EL Speisestärke, 400 ml Kokosmilch, 3 EL Zucker, 2 EL geröstete, gehackte ungesalzene Erdnüsse.*
Zubereitung: Bananen schälen, in Scheiben schneiden. Speisestärke in etwas Kokosmilch anrühren. Restliche Kokosmilch mit 400 ml Wasser und dem Zucker aufkochen lassen, Bananenscheiben zugeben, 5 Min. ziehen lassen, angerührte Speisestärke hinzufügen, noch einmal aufkochen lassen, dann vom Herd ziehen. Den Pudding abschmecken, in Dessertschälchen füllen und mit Erdnüssen bestreut servieren.

# Bananen-Rezepte

### GEBACKENE EISCREME
*Zutaten für 4 Personen:*
*400 g Vanilleeis, 1 große, reife Banane, 2 EL gehackte Pistazien, 2 Eiweiß, 40 g Puderzucker.*
Zubereitung: Das Eis etwas antauen lassen. Banane schälen, mit einer Gabel zerdrücken und mit Eis und Pistazien vermengen. Eiweiße mit Puderzucker sehr steif schlagen. Eis-Bananen-Masse in feuerfeste Dessertschalen füllen, darauf das Eiweiß aufhäufeln und im vorgeheizten Backofen bei 225 Grad überbacken, bis die Eiweißspitzen leicht gebräunt sind.

### EXOTISCHE BANANENSUPPE
*Zutaten für 4 Personen: 3 rote Chilischoten, 4 Knoblauchzehen, 2 Stängel Zitronengras, 4 feste Bananen, 2 EL Erdnussöl, 1 TL Currypulver, scharf, Salz, 800 ml Kokosmilch, 100 ml Ananassaft, 3 EL Zitronensaft, 300 ml Hühnerbrühe (Instant), 50 g Butter, 2 EL Currypulver, mild, 40 g Cashewnüsse.*

Zubereitung: Chilischoten waschen, putzen, entkernen. Einige feine Streifen zum Garnieren abschneiden, den Rest in feine Würfel schneiden. Knoblauch schälen und fein hacken. Zitronengras putzen, waschen und in ca. 7 cm lange Stücke schneiden. 3 Bananen schälen und in grobe Stücke schneiden. 1 EL Erdnussöl in einem Topf erhitzen, Chili und Knoblauch darin leicht anschwitzen, Zitronengras, Bananenstücke, scharfes Currypulver und 1 Prise Salz zugeben. Kokosmilch, Ananas- und Zitronensaft sowie Hühnerbrühe aufgießen, aufkochen und ca. 15 Min. köcheln lassen. Zitronengras entfernen. Suppe pürieren, zurück in den Topf geben, wieder erhitzen und warm halten. Restliche Banane schälen und in dünne Scheiben schneiden. Butter in einer beschichteten Pfanne erhitzen. Bananenscheiben im milden Currypulver wenden und bei kleiner Hitze in der Butter auf beiden Seiten kurz braten. In einer kleinen Kasserolle restliches Erdnussöl erhitzen und die Cashewnüsse darin leicht anrösten. Auf Küchenpapier etwas abtropfen lassen, salzen und grob hacken. Zum Servieren Suppe in Suppentassen verteilen und mit gebratenen Bananen, Nüssen und Chilistreifen garnieren.

### BANANENBROT MIT NÜSSEN UND AHORNSIRUP
*Zutaten für 4 Personen:*
*2 Eier, 100 ml Milch, 4 Scheiben Weißbrot, 2 EL Butter, 1 große, reife Banane, Salz, Pfeffer aus der Mühle, Ahornsirup, 30 g Pekannüsse.*
Zubereitung: Eier mit der Milch verquirlen, mit Salz und Pfeffer abschmecken. Die Butter in der Pfanne erhitzen. Brotscheiben portionsweise kurz in der Eiermilch wenden und bei mittlerer Hitze von beiden Seiten goldbraun braten. Banane schälen, in Scheiben schneiden. Zwei Brotscheiben dann mit Bananenscheiben belegen und die übrigen Brotscheiben aufsetzen. Sofort mit etwas Ahornsirup übergossen mit Nüssen servieren.

### BANANEN-KOKOS-TARTE
*Zutaten für 2 Formen à 16 cm Ø:*
*1/2 Paket Blätterteig, 2 Bananen, (225 g), je 3 EL Kokosflocken und Zucker, Mehl für die Arbeitsfläche, 2 EL Aprikosenkonfitüre.*

Zubereitung: Blätterteig nebeneinanderliegend auftauen lassen. Bananen schälen und schräg in ca 1 cm breite Scheiben schneiden. Den aufgetauten Blätterteig aufeinanderlegen, auf einer bemehlten Arbeitsfläche ausrollen und 2 Stücke in Formgröße ausschneiden. Die gefetteten Formen damit auskleiden. Kokosflocken und Zucker mischen und den Teig damit bestreuen. Die Bananenstücke darauflegen und den Kuchen im vorgeheizten Backofen bei 225 Grad in ca. 15–20 Min. goldbraun backen, herausnehmen. Aprikosenkonfitüre leicht erwärmen, glattrühren und die Bananen damit einstreichen. Warm oder kalt servieren.

### BANANENMARMELADE MIT KIWI
*Zutaten für 6 Gläser à 300 ml:*
*750 g Kiwifruchtfleisch, 750 g geschälte Bananen in Scheiben, Saft einer Zitrone, 1,5 kg Gelierzucker.*
Zubereitung: Kiwifruchtfleisch kleinschneiden, mit Bananen und Zitronensaft vermengen, Gelierzucker untermischen. Zugedeckt 3 Std. ziehen lassen. Fruchtmasse in einen hohen Topf umfüllen, mit dem Pürierstab grob durchpürieren, unter Rühren aufkochen und 3–4 Min. sprudelnd kochen lassen. Sofort in heiß ausgespülte Twist-off-Gläser füllen, sorgfältig verschließen und für 20 Min. auf den Deckel stellen, dann umdrehen und auskühlen lassen.

## Das schmeckt uns im
# Februar
#### Die letzten Wintertage

Berliner ............................................................................. 30
Fritelle – venezianische Krapfen ...................................... 31
Bomboloni – toskanische Krapfen ................................... 31
Schmalzkringel .................................................................. 31
Krapfenstangen mit Puderzucker ..................................... 31
Granatapfel-Baisertorte .................................................... 37
Marzipankuchen ................................................................ 37
Schokoherz ........................................................................ 37
Gefüllte Mürbeteigplätzchen ............................................. 37
Marzipanrosen ................................................................... 38
Petits Fours mit kandierten Rosenblättern ...................... 38
Herz-Muffins ...................................................................... 38

# Berliner, Krapfen, Kreppel

Fritelle – venezianische Krapfen

Zum Karneval ist das leckere Schmalzgebäck wieder in aller Munde. Wir haben Variationen aus verschiedenen Regionen für Sie zusammengestellt

## Lieblingsrezepte in närrischen Zeiten

Krapfenstangen

**Karneval de luxe**
*Es muss nicht immer die kunterbunte Luftballondeko sein. Laden Sie zu einem Venezianischen Abend ein – und als Dessert gibt's Fritelle*

Kein Karneval ohne Berliner, kein Fasching ohne Krapfen. Egal, wohin man blickt, aus jeder Konditorei lachen einen jetzt die runden Gebäckteile an – mit zum Teil völlig ausgefallenen Füllungen und Glasuren. Aber seien wir mal ehrlich, so richtig glücklich machen nur die, die schmecken, wie Berliner schmecken sollen: herrlich weich und luftig mit einer süßen Marmeladenfüllung, die auf der Zunge zergeht. Wer mal wieder von den „Fließband-Modellen" enttäuscht wurde, sollte beim nächsten Einkauf unbedingt ein Päckchen Hefe und Butterschmalz mit in den Einkaufswagen legen. Die übrigen Zutaten wie Mehl, Zucker, Ei und Milch hat man meist sowieso zu Hause. Und dann geht's ans Backen. Vielleicht haben Sie auch Lust, die Spezialitäten unserer Nachbarn wie italienische Fritelle oder Bomboloni auszuprobieren. Und auch bei uns gibt es viele regionale Varianten zu entdecken. Grund für die weite Verbreitung des Schmalzgebäcks zur Karnevalszeit ist, dass man sich früher mit den nahrhaften Stücken für die kommende Fastenzeit stärkte. Ein Grund mehr, auch heute mal das Kalorienzählen lieber bleiben zu lassen…

**Der Klassiker: Berliner**
*Außen braun, innen luftig-weich mit feiner Marmeladenfüllung, so muss er sein! Als echte Fans bereiten wir das Hefeteiggebäck gern selbst zu*

Berliner

## Gut gestärkt geht's in die Fastenzeit

Schmalzkringel

Bomboloni

**Mit einem Augenzwinkern serviert: „Nonnenfürzle"**
*Als Nicht-Schwabe mag man über den etwas respektlos erscheinenden Namen schmunzeln. Er geht jedoch auf die Hochachtung vor den Nonnen zurück, die diesen Brandteig einst am besten zubereiteten*

*Nur in Berlin sucht man sie vergebens: Dort heißen sie Pfannkuchen*

**Schweizer lieben ihre „Fasnachts-Chüechli"**
*Die traditionell runden Teigstücke wurden früher übers Knie gelegt und hauchdünn ausgezogen. Nach kurzer Frittierzeit bleiben sie schön knusprig*

### SO GELINGT DER ECHTE BERLINER
Für den Hefeteig brauchen Sie 500 g Mehl, 80 g Zucker, 1/2 Würfel Hefe, 200 ml Milch, 50 g Butter, 1 Ei und 1 Prise Salz. Zubereitung: Mehl und Zucker in eine Schüssel geben. In die Mitte eine Mulde drücken, die Hefe hineinbröckeln und mit 5 EL lauwarmer Milch und etwas Mehl vom Rand zu einem Vorteig verrühren. Zudecken und an einem warmen Ort etwa 10 Min. gehen lassen. Währenddessen die Butter mit der restlichen lauwarmen Milch, dem verquirlten Ei und der Prise Salz verrühren. Alles zum Vorteig geben und gut durchkneten. Danach den Teig nochmals zugedeckt für 30 Min. gehen lassen. Auf einer bemehlten Arbeitsfläche rollt man den Teig dann fingerdick aus und sticht mit einem Glas Kreise von etwa 10 cm Durchmesser aus. Diese erneut 20 Min. ruhen lassen. In einem hohen Topf oder der Fritteuse Butterschmalz erhitzen und darin die Berliner von jeder Seite 2–3 Min. ausbacken. Mit der Schaumkelle herausnehmen und auf einem Gitter abtropfen und auskühlen lassen. Die Marmelade füllt man danach am besten mit einer Tortenspritze hinein. Anschließend wird die obere Seite der Berliner in Zucker gewälzt.

# Rezepte

**In Karnevals-Stimmung**
*kommen die Schmalzkringel, wenn Sie die Glasur gleich nach dem Auftragen mit bunten Zucker-Konfetti bestreuen*

### FRITELLE – VENEZIANISCHE KRAPFEN

*Zutaten für ca. 25 Stück: 100 g Rosinen, 5 EL Grappa, 1 Würfel Hefe, 250 ml Milch, lauwarm, 75g Zucker, 500 g Mehl, 1 Prise Salz. Außerdem: 1 Liter Sonnenblumenöl zum Ausbacken, Puderzucker, zum Bestäuben.*

Zubereitung: Rosinen mit Grappa mischen und etwa 30 Minuten einweichen. Hefe in etwas lauwarmer Milch mit 2 TL Zucker glattrühren. Mehl mit dem Salz mischen, die angerührte Hefe, übrige Milch, restlichen Zucker und Rosinen dazugeben und alles zu einem glatten, geschmeidigen Teig verkneten. Den Teig zugedeckt an einem warmen Ort ca. 1 Std. aufgehen lassen. Das Fett in einem weiten Topf erhitzen. (Es ist heiß genug, wenn an einem hineingestellten Holzlöffelstiel kleine Bläschen aufsteigen.) Vom Teig mit einem Esslöffel Bällchen abnehmen und ins heiße Fett gleiten lassen. Die Bällchen in 4–5 Minuten knusprig frittieren, dabei einmal wenden. Die frittierten kleinen Krapfen mit dem Schaumlöffel herausheben, auf Küchenpapier entfetten und warm mit Puderzucker bestäubt servieren.

### BOMBOLONI – TOSKANISCHE KRAPFEN

*Zutaten für ca. 30 Stück: 500 g Mehl, 1 Würfel Hefe, 1/4 l Milch, lauwarm, 1 Ei, 2 Eigelbe, 4 EL Apfeldicksaft, Salz, 50 g Butter, 75 g Rosinen, 2 EL Grappa, Butterschmalz zum Frittieren, Zucker zum Wälzen.*

Zubereitung: Mehl in eine Schüssel sieben, in die Mitte eine Mulde drücken und die Hefe hineinbröckeln. Mit etwas Milch und Mehl vom Rand zu einem Vorteig rühren, zudecken und ca. 15 Min. gehen lassen. Die restliche Milch mit dem Apfeldicksaft, Ei, Eigelb und etwas Salz zugeben. Butter in Flöckchen darübergeben und alles zu einem glatten Teig verkneten, bis er Blasen wirft, bei Bedarf noch etwas Mehl unterkneten. Mit einem Tuch bedecken und weitere 30 Min. gehen lassen. Rosinen unter heißem Wasser waschen, trockentupfen und mit Grappa bedecken. Butterschmalz auf 170 °C erhitzen. Den Teig nochmals durchkneten und die Rosinen unterkneten. Mit 2 Löffeln kleine Klöße formen und portionsweise im Fett ausbacken, auf Küchenpapier abtropfen lassen und in Zucker wenden.

### SCHMALZKRINGEL

*Zutaten für 20 Stück: 1/4 l Milch, 100 g Butter, 1 Prise Salz, 2 EL Zucker, 1 Päckchen Vanillezucker, 150 g Mehl, 4 Eier, ca. 750 g Butterschmalz zum Ausbacken 6 EL Puderzucker für den Guss*

Zubereitung: Milch, Butter, Salz, Zucker und Vanillezucker erhitzen, einmal aufkochen lassen, Mehl zufügen und sorgfältig unterrühren. Teig bei geringer Hitze weiterrühren, bis sich ein Kloß bildet. In eine Schüssel geben und die Eier nach und nach unterschlagen, bis der Teig sehr geschmeidig ist. Butterbrotpapier in 20 cm große Quadrate schneiden und mit Butter bestreichen. Brandteig in einen Spritzbeutel füllen und Kringel auf die Papierstücke spritzen. Butterschmalz in einem hohen Topf erhitzen, bis sich an einem Holzstäbchen Bläschen bilden. Papierstücke umgedreht über das heiße Fett halten und Kringel hineingleiten lassen. Spritzkuchen portionsweise von beiden Seiten in ca. 4 Minuten goldgelb backen. Mit einem Schaumlöffel herausnehmen und auf Küchenpapier abtropfen lassen. 6 EL Puderzucker mit etwas Wasser zu einem Guss verrühren und die Spritzkuchen damit einpinseln.

### KRAPFENSTANGEN MIT PUDERZUCKER

*Zutaten für 4 Personen: 1 Würfel Hefe, 2 EL Zucker, 1/4 l Milch, 500 g Mehl, 2 Eier, 1 Prise Salz, 1 TL abgeriebene Zitronenschale, Fett zum Frittieren, Mehl für die Arbeitsfläche, Puderzucker zum Bestäuben.*

Zubereitung: Die Hefe in einer Tasse zerbröseln und mit 1 TL Zucker und 3 EL lauwarmer Milch verrühren. Mehl in eine Schüssel sieben, in die Mitte eine Mulde drücken, Hefe hineingießen, etwas Mehl darüberstäuben und zugedeckt ca. 15 Minuten gehen lassen. Restliche Milch, Zucker, Eier, Salz und Zitronenschale unterrühren und zu einem geschmeidigen Teig verarbeiten. Zugedeckt ca. 1 Std. gehen lassen. Arbeitsfläche mit Mehl bestäuben und den Teig daumendick auswellen. Auf ein Brett legen und mit einem sehr scharfen Messer Stangen ausschneiden. Mit einem Küchentuch bedecken und nochmals 10 Minuten gehen lassen. In der Fritteuse bei 170 °C portionsweise von beiden Seiten goldgelb backen. Auf einem Kuchengitter gut abtropfen lassen. Mit Puderzucker bestäubt servieren.

**Liebevoll durchdacht**
und heimlich arrangiert.
Da hat der Verehrer die
Lieblingsfarbe seiner Angebeteten üppig eingesetzt.
Stimmungsvoll zusam-
mengestellte Fotoalben
lassen schöne Momente
wieder aufleben

## Eine Überraschung, die von Herzen kommt

Baisertorte

Auf die Idee, der Dame seines Herzens am 14. Februar mit Rosengebinden und süßen Leckereien eine Überraschung zu bereiten, kamen nicht etwa Blumenhändler oder Zuckerbäcker, wie pragmatische Zeitgenossen gerne behaupten.
Wahrhaft Verliebte werden die Dimensionen dieses besonderen Tages erahnen – und sie widmen sich diesem herrlichen Gefühl voller Hingabe und Ernsthaftigkeit. Denn wer sich in der glücklichen Lage befindet, den Schatz seines Lebens an seiner Seite zu wissen, dem präsentiert sich der Alltag von seiner schönen Seite – auch wenn der Himmel mal nicht ganz so blitzblau erstrahlt. Der Valentinstag ist die Gelegenheit, dafür einmal „danke" zu sagen. Mag auch manche Zusammenstellung im ersten Moment unverbesserlich kitschig erscheinen, so wird sie doch im Zeichen der Liebe zur entzückenden Kreation. Denn zärtliche Gefühle kann man nur schwerlich erklären – und man sollte es vielleicht auch gar nicht versuchen, sondern ihre Magie einfach in vollen Zügen genießen. Vielleicht ranken sich deshalb um den Namenstag des heiligen Valentin al-

# Happy *Valentine*

### BLÜHENDE BOTSCHAFTEN

Blumen sind das schönste Kommunikationsmedium der Welt. Eine Alpenrose etwa bedeutet in der Blumensprache: „Wann sehen wir uns wieder?", eine Margerite: „Du machst mich glücklich" und Rosen in Rosé sagen: „Ich liebe dich zärtlich". Ein Rosenstrauß ist immer noch das schönste Geschenk zum Tag der Liebe. Aber auch herzförmige Kränze und Gestecke werden ihre Wirkung nicht verfehlen.

**Süß gestapelt**
*Kleine Arrangements sagen oft mehr als viele Worte: Lassen Sie liebevoll arrangierte Mürbeteigplätzchen mit Marzipanfüllung und einer kleinen Rose zu Wort kommen!*

Mürbeteigplätzchen

*Wenn zwei innig verbundene Seelen den Tag der Liebe feiern, dann geht es herrlich romantisch zu*

# Tag der bezaubernden kleinen Botschaften

Marzipankuchen und Marzipanrosen

### Petits Fours

„Das eine Höchste,
was das Leben schmückt,
wenn sich ein Herz,
entzückend und entzückt,
dem Herzen
schenkt in süßem
Selbstvergessen."

FRIEDRICH SCHILLER

lerhand Legenden und Geschichten. Deren Anfänge reichen weit zurück in die Historie. Populär gemacht hat diesen Feiertag die Valentinsfeier am Hof von König Richard II. im Jahre 1338. Zu diesem Anlass wurde das Gedicht „Parlament der Vögel" des englischen Schriftstellers Geoffrey Chaucer vorgetragen, in dem sich die Vögel versammeln, um Hochzeit zu halten. Und da die Poesie mit all ihren Anspielungen viel Spielraum für Interpretationen lässt, entwickelte sich daraus ein Fest der Verliebten und der Brauch, seiner Herzensdame an diesem Tag einen anonymen Liebesbrief zuzustecken und im Verborgenen auf deren Reaktion zu warten. Andere junge Männer kamen zu ihrer „Valentine", indem sie einen Zettel mit dem Namen einer ledigen Dame zogen. Das so zusammengefundene Paar war dann für ein Jahr einer Verlobung gleich verbunden. Sehr viel später tanzten in Deutschland junge Paare auf dem ersten „Valen-

---

**SANKT VALENTIN**

Am offiziellen Festtag aller Verliebten schenkt man seinem Herzblatt Blumen oder edles Konfekt und gedenkt damit nicht nur der Liebe zwischen zwei Menschen, sondern auch dem heiligen Sankt Valentin, der Bischof von Terni war. Am 14. Februar 269 wurde er in Rom hingerichtet, weil er heimlich, gegen den Befehl des römischen Kaisers, unstandesgemäß Liebende nach dem christlichen Ritual traute und ihnen so zu ihrem Glück verhalf.

*Ich denk an dich!*

**Kleine Botschaften** *werden am heutigen Tag sicher richtig gedeutet. Überraschen Sie die Wahl Ihres Herzens mit einem Törtchen. Um ganz sicherzugehen, können Sie eine kleine Nachricht mit einbacken*

Herz-Muffins

**Verliebt in die Liebe**
*Der Valentinstag ohne Blumen ist wie ein Garten ohne Rosen. Heute darf die Damenwelt einmal unbeschwert in Poesie und Opulenz schwelgen und sich dabei einmal so richtig verwöhnen lassen*

# Rosen für die Rose des Herzens

**Champagner bitte!**
*Ein Glas rosé Champagner wäre dem Anlass angemessen, früh am Tag darf es jedoch auch ein alkoholfreier Fruchtcocktail sein, wenn die Gläser so liebevoll mit Glasperlenherzen und Blüten verziert sind*

*„Der Strauß den ich gepflücket, grüße dich viel tausendmal"*

JOHANN WOLFGANG VON GOETHE

**Süßes Naschwerk**
*übermittelt die Herzensbotschaft in Zuckerguss. Ein etwas größeres Exemplar können Sie auch selber backen und dekorativ mit edler Schokolade überziehen*

tinsball", der 1950 in Nürnberg stattfand. Fortan war der Valentinstag ein offizieller Termin im Kalender, der die Herrenwelt daran erinnerte, sich um die Liebste zu bemühen oder – falls die Dame noch nichts von ihrem Glück ahnte – allen Mut zusammenzunehmen und schon möglichst früh am Tag um die Gunst der Angebeteten zu werben, da einem alten Aberglauben zufolge der erste Mann, den die junge Dame am Valentinstag erblickt, ihr Ehemann wird. Und so legten sich die Herren schwer ins Zeug. Mit eleganten Bouquets, persönlichen Gedichten oder romantischen Spaziergängen schaffen sie den Grundstein für erste zarte Liebesbande. An die sich das verliebte Paar vielleicht später, nach den glücklich überstandenen Werbewochen, mit einem Lächeln zurückerinnert. Doch auch wenn Sie sich schon ein halbes Leben lang kennen, so können Sie sich an diesem herrlichen Tag mit dem wunderbaren Gefühl der Verliebtheit jedes Jahr aufs Neue beschenken.

### Schokoherz

# Rezepte

## GRANATAPFEL-BAISERTORTE

*Zutaten für 1 Springform von 26 cm Ø: 4 Eiweiß, 180 g Zucker, 1 TL Backpulver, 1 EL Speisestärke, 40 g gemahlene Mandeln.
Für den Belag: 300 g Sahne, 1 EL Puderzucker, 2 Granatäpfel.*

Zubereitung: Ofen auf 150 Grad vorheizen. Den Boden der Springform mit Backpapier auslegen und den Rand leicht einfetten. Zucker mit Backpulver und Speisestärke mischen. Das Eiweiß in einer großen Rührschüssel sehr steif schlagen, die Zuckermischung und Mandeln nach und nach zufügen und so lange weiterschlagen, bis der Eischnee steife Spitzen bildet und schön glänzt. Die Baisermasse mit einem Spatel ringsum am Rand und Boden der Form aufstreichen und eine Mulde in der Mitte lassen. Den Teig ca. 1 Stunde lang backen, bis der Baiser leicht Farbe angenommen hat. Den Ofen ausschalten und Gebäck noch im Ofen auskühlen lassen. Die Granatäpfel entkernen. Sahne mit dem Puderzucker sehr steif schlagen. Den Baiserboden auf eine Tortenplatte setzen, die Sahne darin verstreichen und mit den Granatapfelkernen dekorativ belegen und sofort servieren.

## SCHOKOHERZ

*Zutaten für einen Kuchen:
Teig: 6 Eier, 200 g Zucker, 1 Päckchen Vanillezucker, 200 g Mehl, 1/2 TL Backpulver, 50 g Kakao, 1 Prise Salz.
Füllung: 100 g Schokolade, 10 g Butter, 1 TL brauner Rum, 1 TL gemahlene Gelatine, 1 Ei, 40 g Zucker, 75 g Crème double. Außerdem: 100 g dunkle Kuvertüre für den Guss.*

Zubereitung: Eier, Zucker und Vanillezucker schaumig schlagen. Mehl, Backpulver, Kakao und Salz vermischen, vorsichtig unterheben. Teig auf ein mit Backpapier ausgelegtes Backblech streichen, im vorgeheizten Backofen bei 180 Grad ca. 30 Min. backen. Für die Füllung die Schokolade im Wasserbad schmelzen. Butter und Rum unterrühren. Gelatine einweichen, 10 Min. quellen lassen. Ei trennen. Eigelb mit der Hälfte des Zuckers und der Gelatine im heißen Wasserbad dicklich aufschlagen. Eiercreme abkühlen lassen, zur Schokolade geben und gut verrühren. Eiweiß mit dem Salz steif schlagen, dabei den restlichen Zucker langsam einrieseln lassen. Eischnee vorsichtig unter die Schokoladenmasse heben. Crème double mit dem Handrührgerät etwa 2 Min. aufschlagen und ebenfalls unter die Schokoladenmasse rühren. Aus dem abgekühlten Boden drei gleich große Herzen ausschneiden. Zwei Teigplatten mit Schokoladencreme gleichmäßig bestreichen und zusammensetzen. Die Kuvertüre im Wasserbad schmelzen, die Torte damit begießen, trocknen lassen.

## MARZIPANKUCHEN

*Zutaten für 6 Herzen: 280 g Butter, 140 g Zucker, 140 g Honig, Mark einer 1/2 Vanilleschote, 230 g Mehl, 75 g Stärkemehl, 1 TL Backpulver, 5 Eier, 100 g Aprikosenkonfitüre, 200 g Marzipanrohmasse, 150 g Puderzucker, 6 kleine Herzformen.*

Zubereitung: Zimmerwarme Butter, Zucker und Honig schaumig schlagen, das Mark der Vanilleschote dazugeben. Mehl, Stärke und Backpulver mischen. Eier und Mehlmischung abwechselnd zu der Buttermischung geben und so lange weiterrühren, bis ein glatter Teig entsteht. 6 kleine Herzformen gut ausfetten und den Teig hineinfüllen, glattstreichen. Im Backofen bei 180 Grad ca. 30 Min. backen. Auskühlen lassen und vorsichtig aus den Formen lösen und abkühlen lassen. Bei Bedarf die Herzkuchen oben glattschneiden und mit Aprikosenkonfitüre bestreichen. Marzipan und Puderzucker rasch miteinander verkneten, in 6 gleiche Portionen teilen und jeweils dünn, etwas größer als die Herzen ausrollen. Die Kuchenherzen damit belegen und mit einer Palette möglichst faltenlos andrücken. Überstehenden Rest abschneiden und mit Marzipanrosen garnieren.

## GEFÜLLTE MÜRBETEIGPLÄTZCHEN

*Zutaten für ca. 20 Stück:
300 g Mehl, 100 g Zucker, 200 g kalte Butter, 1 Päckchen Vanillezucker, 1 Ei, ca. 60 g Marzipan.*

Zubereitung: Mehl zusammen mit Zucker und Vanillezucker auf der Arbeitsfläche häufeln, eine Mulde eindrücken, das Ei hineingeben, Butter in Flöckchen rundherum verteilen. Alles mit einem langen Messer gut durchhacken, dann mit den Händen rasch zusammenkneten, in Folie gewickelt für ca. 30 Min. in den Kühlschrank stellen. Teig halbieren und jeweils auf bemehlter Arbeitsfläche ca. 3–4 mm dünn ausrollen. Backofen auf 180 Grad vorheizen. Marzipan in 20 Teile teilen, diese zu kleinen Kugeln formen. Eine Teigplatte mit verschlagenem Ei bestreichen. Marzipan im Abstand zueinander auf diese Teigplatte verlegen. Die zweite Teigplatte auflegen, rund um die Marzipankugeln etwas andrücken und mit dem Teigrädchen ausradeln. Aufs mit Backpapier ausgelegte Backblech setzen, in den Backofen schieben und in 10–12 Min. hellgelb backen, auf dem Kuchengitter abkühlen lassen.

# Rezepte

### MARZIPANROSEN

*Zutaten: 200 g Marzipanrohmasse, Puderzucker*

Je 200 g Marzipanrohmasse und Puderzucker verkneten, mit Lebensmittelfarbe einfärben, danach zwischen zwei Folienstücken auswellen. Kleine Kreise in unterschiedlichen Größen ausstechen. Einen kleinen Kreis als Knospe formen und auf eine ausgestochene Platte setzen. Nacheinander weitere Kreise als Blätter andrücken. Äußere Blätter etwas nach außen umbiegen.

### PETITS FOURS MIT KANDIERTEN ROSENBLÄTTERN

*Zutaten für ca. 15 Stück:*
*Biskuitmasse: 5 Eier, 150 g Zucker, 75 g Mehl, , 50 g Speisestärke, 50 g geriebene Mandeln.*
*Füllung: 200 g Marzipanrohmasse, 4 EL Rum, 100 g Aprikosenmarmelade. Glasur: 300 g Puderzucker, 100 ml Wasser, Lebensmittelfarben.*
*Verzieren: Etwas Schokolade, ca. 15 kleine Rosen-Blütenblätter, 1 Eiweiß, feiner Kristallzucker*

Zubereitung: Blütenblätter mit etwas aufgeschlagenem Eiweiß einpinseln und in Zucker stippen, trocknen lassen. Eier trennen, Zucker und Eigelb schaumig schlagen, steif geschlagenes Eiweiß, Mehl, Speisestärke und Mandeln unterheben. Masse fingerdick auf ein mit Backpapier ausgelegtes Backblech streichen, 12 Min. bei 200 Grad backen. Biskuit auf ein Kuchengitter stürzen, Papier sofort abziehen, 2 Stunden auskühlen lassen. Marmelade unter Rühren aufkochen, durch ein Sieb streichen. Biskuit zuerst quer, dann beide Platten längs halbieren. Alle Platten mit Marmelade bestreichen, Marzipan würfeln, mit Rum mischen, auf die Marmelade streichen. Platten aufeinandersetzen und Quadrate schneiden. Für die Glasur Wasser erwärmen, Puderzucker darin unter Rühren auflösen, mit etwas Speisefarbe zartpastellig einfärben, Petits Fours damit überziehen. Gut trocknen lassen. Schokolade zerkleinern, im Wasserbad schmelzen und mit Hilfe einer kleinen Spritztüte die Petits Fours mit feinen Streifen verzieren. Mit kandierten Blüten dekorieren.

### MIT HERZ VERZIERTE MUFFINS

*Zutaten für 24 Stück: 200 g Mehl, 2 TL Backpulver, ½ TL Natron, 1 Ei, 75 g Zucker, 1 Päckchen Vanillezucker, 70 ml Pflanzenöl, 250 g Joghurt. Außerdem: 1 Minimuffinsbackblech mit 24 Vertiefungen, 24 Papierbackförmchen für das Minimuffinsblech, geschlagene Sahne, Zuckerstreusel, kleine, süße Herzen.*

Zubereitung: Mehl mit Backpulver und Natron in einer Rührschüssel vermischen. In einer weiteren Schüssel das Ei mit Zucker, Vanillezucker, Öl und Joghurt gut verrühren. Die Eimasse zur Mehlmischung geben und nur so lange verrühren, bis die trockenen Zutaten feucht sind. Die Papierbackförmchen in die Vertiefungen vom Muffinsblech stellen. Den Teig einfüllen und im vorgeheizten Backofen (180° C, Mitte) ca. 15-20 Min. backen. Herausnehmen, im Blech etwas abkühlen lassen, dann aus den Blechvertiefungen nehmen und ganz auskühlen lassen. Geschlagene Sahne mit einem Spritzbeutel mit großer Sterntülle auf die Muffins spritzen, mit Zuckerstreuseln bestreuen und je 1 Herz auflegen.

Das schmeckt uns im

# März

Frühlingsanfang

| | |
|---|---|
| Omelett mit geräuchertem Schellfisch | 42 |
| Kräutereier | 43 |
| Soleier im Glas | 43 |
| Gefülltes Omelett | 43 |
| Frittata mit Schinken und Schafskäse | 44 |
| Kräuterbrot mit Ei | 44 |
| Carpaccio-Suppe mit pochiertem Ei | 44 |
| Eingelegte Chilieier | 45 |
| Rote-Bete-Kartoffeltürmchen | 47 |
| Wirsingstrudel | 51 |
| Avocadosalat mit Rucola und Sprossen | 51 |
| Vollkornsandwich mit Gurken und Sprossen | 51 |
| Geschmorte Rotbarschfilets – Asiatisch | 51 |
| Pfannkuchenröllchen mit Lachs | 52 |
| Blattsalat mit Tofu | 52 |
| Sprossen-Tomaten-Brot | 52 |
| Shiitakepilze mit Paprika, Sprossen und Nudeln | 52 |
| Granatapfeldessert | 52 |

Grüne Soße
mit gekochten Eiern
und frischen Kräutern

# Variationen
## vom Ei

Sie sind Symbole der Fruchtbarkeit und aus dem Osternest nicht wegzudenken – ganz praktisch gesehen, wäre ohne diese wertvollen Viktualien wahre Küchenkunst undenkbar

**Am Anfang war das Huhn**
*Den fleißigen Hennen haben wir einiges zu verdanken. Unermüdlich legen sie Tag für Tag Eier und schenken uns damit eines unserer hochwertigsten Lebensmittel*

**Schick in Schale**
*Jedes Jahr zu Ostern entdecken wir die dekorative Seite des Eis und verwandeln es mit Fantasie, Farbe und feinem Pinselstrich in ein mehr oder weniger kunstvolles Schmuckstück*

**OMELETT MIT GERÄUCHERTEM SCHELLFISCH**

*Zutaten für 2 Personen: 125 g geräuchertes Schellfischfilet, 4 Eier, 4 EL Milch, Salz, Pfeffer aus der Mühle, 2 EL Butter, 40 g geriebener Gruyère, Schnittlauchröllchen als Garnitur*

Zubereitung: Die Eier trennen. Eiweiße und Salz zu steifem Schnee schlagen. Eigelbe mit der Milch leicht anschlagen. Dann den Eischnee unter die Eigelbmasse ziehen. 1 EL Butter in der Pfanne erhitzen und die Hälfte der Eimasse hineingeben, kurz umrühren. Zwischenzeitlich das Schellfischfilet in kleine Stücke zerpflücken. Sobald sich eine feste Eischicht gebildet hat, jeweils die Hälfte von Fisch und Käse darauf verteilen, mit Pfeffer aus der Mühle würzen und das Omelett einklappen, auf einen vorgewärmten Teller legen und mit Schnittlauchröllchen garnieren. Mit dem zweiten Omelett genauso verfahren.

*Eine gute Partnerschaft: Eier, Fisch & Kräuter*

### KRÄUTEREIER

*Zutaten für 6 Personen: 6 Eier, 2 Schalotten, 4 EL gemischte Kräuter (z.B. Petersilie, Schnittlauch, Kerbel, Estragon), gehackt, 1 EL Senf, 75 g Crème fraîche, Salz, Pfeffer aus der Mühle, 75 g Butter, 1 EL Weißweinessig, Kräuter zum Garnieren.*

Zubereitung: Eier in ca. 10 Min. hart kochen. Herausnehmen, abschrecken, pellen und längs halbieren. Eigelb vorsichtig mit einem Löffel herauslösen. Schalotten schälen und fein hacken. Mit der Hälfte der gehackten Kräuter, Senf, Crème fraîche und Eigelb verrühren. Mit Salz und Pfeffer würzen. Die Kräuter-Eigelb-Masse in die Eihälften füllen. Butter in einem Topf zerlassen und die restlichen Kräuter und den Essig unterrühren. Eier in eine gebutterte Auflaufform setzen und mit der Butter-Kräuter-Mischung beträufeln. Im vorgeheizten Backofen bei 200 Grad ca. 10 Min. backen. Mit Kräutern garniert servieren.

### SOLEIER IM GLAS

*Zutaten für 4 Personen: 2 Zwiebeln, 1 EL Meersalz, 8 hartgekochte Eier, 2 Lorbeerblätter, 1 TL schwarze Pfefferkörner.*

Zubereitung: Die Zwiebeln samt Schalen vierteln. In einem großen Topf etwa 1,5 l Wasser mit Zwiebeln und Meersalz aufkochen. Die Schalen der Eier rundum leicht anknicken und die Eier mit Lorbeerblättern und Pfefferkörnern in ein Glas schichten. Den Zwiebelsud durch ein Sieb geben und die Eier damit bedecken. Die Soleier mindestens 2 Tage durchziehen lassen.

**Kaviar-Eier**
*Frisch herausgeputzt warten diese mit Crème fraîche, Lachskaviar und Dill gefüllten Eier auf Genießer, die diese Spezialität aus dekorativen Gläsern löffeln*

### GEFÜLLTES OMELETT

*Zutaten für 4 Personen: 1 rote Paprikaschote, 150 g Ziegenfrischkäse, 2 EL Tomatenmark, Salz, Pfeffer aus der Mühle, 1 TL gehackte Rosmarinnadeln, 50 g Feta, 6 Eier, 2 EL Butter, 2 Zucchini, 1 Zwiebel, 4 EL Olivenöl, 3 EL Zitronensaft.*

Zubereitung: Paprika waschen, putzen und in feine Würfel schneiden. Frischkäse mit Tomatenmark verrühren. Mit Salz und Pfeffer würzen, gehackten Rosmarin und Paprikawürfel zufügen. Feta in kleine Würfel schneiden. Eier verquirlen und mit Salz und Pfeffer würzen. Feta untermischen. Butter in einer Pfanne erhitzen. Die Hälfte der Eiermischung hineingeben und bei kleiner Hitze stocken lassen. Omelett wenden und 1–2 Min. weiterbraten. Mit restlicher Eiermischung ein weiteres Omelett backen. Omeletts abkühlen lassen. Danach mit der Käse-Paprika-Creme bestreichen, einrollen, in Frischhaltefolie wickeln und kalt stellen. Zucchini putzen, waschen und in Scheiben schneiden. Zwiebel schälen, in Ringe schneiden und in einer Pfanne in heißem Olivenöl glasig schwitzen, Zucchini zufügen und in 3–4 Min. bissfest dünsten, mit Salz, Pfeffer und Zitronensaft würzen. Omeletts schräg in dicke Scheiben schneiden und mit lauwarmem Zucchinisalat anrichten.

### FRITTATA MIT SCHINKEN UND SCHAFSKÄSE

*Zutaten für 4 Personen: 6 Eier, 250 g gegarte Kartoffeln, 3 Lauchzwiebeln, 100 g gekochter Schinken, 50 g geriebener Pecorino, Salz, Pfeffer aus der Mühle, 2 EL Olivenöl.*

Zubereitung: Die Eier leicht schaumig schlagen. Gegarte Kartoffeln in kleine Würfel schneiden. Lauchzwiebeln putzen, waschen und in feine Ringe schneiden. Schinken in feine Streifen schneiden. Eier mit Pecorino, Kartoffeln, Zwiebelringen und Schinken mischen. Mit Salz und Pfeffer aus der Mühle würzen. Öl in einer backofenfesten Pfanne erhitzen, die Eimasse hineingeben und in ca. 10–12 Min. zugedeckt bei schwacher Hitze stocken lassen. Grill auf höchster Stufe vorheizen und die Frittata 3–4 Min. übergrillen. Am besten warm servieren.

### KRÄUTERBROT MIT EI

Eine dünne Scheibe Roggenbrot mit Frischkäse bestreichen und mit Gurkenscheiben belegen. Die oberste Schicht Frischkäse mit frischen Kräutern garnieren

**Klein und fein**
*Die gesprenkelten Wachteleier werden wie Hühnereier zubereitet. Ihre kleinen Spiegeleier zieren exquisite Vorspeisen und sind Blickfang auf jedem Buffet*

### CARPACCIO-SUPPE MIT POCHIERTEM EI UND CHAMPIGNONS

*Zutaten für 4 Personen: 200 g Rinderfilet, 1¼ l Rinderfond selbst gemacht oder aus dem Glas, 4 frische Eier, 50 ml Essig, 1 Liter Wasser, 4 große Champignons, Pfeffer, Schnittlauch.*

Zubereitung: Das frische Rinderfilet im Tiefkühlfach einige Stunden anfrosten lassen und mit einem scharfen Messer oder mit der Aufschnittmaschine in hauchdünne Scheiben schneiden. Die Scheiben gleichmäßig auf 4 Tellern ausbreiten. Rinderfond erhitzen und um ein Viertel der Flüssigkeit reduzieren. Die Eier in Essigwasser pochieren. Dafür Wasser und Essig zusammen in einem Topf zum Kochen bringen und je ein gekühltes Ei einzeln in einer Suppenkelle aufschlagen und in das siedende Wasser gleiten lassen. 3–4 Min. ziehen lassen, so dass das Eiweiß fest, das Eigelb noch leicht flüssig ist. Dann vorsichtig mit einer Schaumkelle herausheben und auf die Carpaccio-Scheiben legen. Die Champignons putzen, in sehr feine Scheiben schneiden und auf die Teller verteilen. Kochende Brühe darübergeben und mit frisch gemahlenem Pfeffer bestreuen. Schnittlauch abbrausen, trockenschütteln, in Röllchen schneiden und darüberstreuen.

# Eier-Spezialität mit pikanter Note

**EINGELEGTE CHILIEIER**

*Zutaten für 12 Eier: 12 Eier, 2 rote Chilischoten, ¼ Liter Weißweinessig, 2 Lorbeerblätter, je 1 TL Wacholderbeeren, Koriander und Senfkörner, je 3 Gewürznelken und Thymianzweige, Salz, Zucker, 1 Bund Estragon.*

Zubereitung: Die Eier in ca. 10 Min. hart kochen, unter kaltem Wasser abschrecken und abkühlen lassen. Die Chilischoten putzen, entkernen und in feine Ringe schneiden und mit 1¼ Liter Wasser, dem Weinessig, den Lorbeerblättern, Wacholderbeeren, Koriander und Senfkörnern, Gewürznelken und Thymianzweigen aufkochen. Mit Salz und Zucker abschmecken und etwa 15 Min. köcheln lassen. Die Eier pellen und mit dem Estragon in ein großes Glas schichten. Den heißen Würzsud daraufgießen und abgedeckt an einem kühlen Ort 3 Tage durchziehen lassen.

# Die Krönung der frischen Küche

Sprossen-Sandwich

## Sprossen & Keimlinge

# Mehr als nur Garnitur: Junges Grün schenkt Aroma und Vielfalt

**Der Erntezeitpunkt**
*ist auch eine Geschmacksfrage. Nach 2 bis 3 Tagen schmecken Sprossen mild, dann entwickelt sich ein kräftigeres Aroma. Frische Keimlinge setzen auch bei einem einfachen Käse-Tomaten-Brot köstliche Akzente*

**Sojasprossen**
*sollten wie alle Keime von Hülsenfrüchten vor dem Verzehr kurz blanchiert werden, weil sie dann leichter verdaulich sind. Alle anderen Sprossen können gut gewaschen auch frisch verzehrt werden*

### ROTE-BETE-KARTOFFELTÜRMCHEN
*Zutaten für 4 Portionen: 500 g Kartoffeln, 400 g Süßkartoffeln, 300 g Rote Bete (gegart), 150 g Miracel Whip, 20 g Meerrettich (Glas), Rote-Bete-Sprossen.*
Zubereitung: Kartoffeln und Süßkartoffeln mit Schale ca. 20 Min. in Salzwasser kochen, dann pellen. Kartoffeln, Süßkartoffeln und Rote Bete jeweils in dickere Scheiben schneiden. Miracel Whip und Meerrettich verrühren. Kartoffelscheiben und Rote Bete abwechselnd zu Türmchen schichten. Creme darüber geben und mit frischen Sprossen dekoriert servieren.

Sie sind auf den ersten Blick klein und unscheinbar, doch mit ihren inneren Werten stellen Sprossen manch ausgewachsenes Gemüse in den Schatten, denn während sie sich ans Licht kämpfen, vervielfacht sich ihr Gehalt an wertvollen Vitalstoffen. Dazu schmecken die kleinen Keimlinge einfach köstlich. Gründe genug, sie für den täglichen Bedarf immer im Haus zu haben. Mit einer eigenen kleinen Sprossenzucht, etwa in einem Mini-Gärtchen auf der Fensterbank, ist immer ein knackiger Vitaminspender, passend zu vielen Gerichten, erntefertig.
Hierfür sind die besten Samen und Getreide gerade gut genug. Achten Sie auf Saat, die unbehandelt und speziell für Sprossenzucht vorgesehen ist, etwa Kresse, Alfalfa oder Weizen. Dazwischen können Samen von Rettich und Radieschen geschmackliche Akzente setzen. Mit ihren antibakteriellen Wirkstoffen sind sie außerdem ein bewährter Schutz vor Schimmelbildung. Für erste Aufzucht-Versuche reicht ein

### Sprossenzucht

*Für den Anfang ist sie in einem Einmachglas gut aufgehoben. Wer einen Esslöffel Samen auslegt, kann nach einigen Tagen bis zu fünf Esslöffel Sprossen ernten*

normales großes Glas, das mit einem Tuch (etwa ein Mulltuch) verschlossen wird. So ausgerüstet können Sie zwei Esslöffel Samen für einige Stunden oder über Nacht einweichen. Die kommen in das Glas, das Tuch wird mit einem Gummiband darauf befestigt und das Ganze umgedreht.

Wenn die äußeren Bedingungen stimmen, kann das Wunder nun seinen Lauf nehmen... Schon am nächsten Morgen scheinen die Samen ein bisschen dicker zu sein. Zimmerwärme, Sauerstoff und Licht brauchen die Winzlinge während ihrer Keimzeit, dann können die im Samen schlummernden Vorräte für das Pflanzenwachstum aus ihrem Dornröschenschlaf erwachen. Dazu täglich morgens und abends eine sanfte Dusche mit handwarmem Wasser, und wenig später lassen sie unter der Schale ihr ge-

Avocadosalat mit Rucola und Sprossen

### Hochwertige Rohstoffe

*Die besten Samen sind gerade gut genug für die Aufzucht auf der Fensterbank. Sie sollten unbehandelt sein, greifen Sie daher am besten auf Ware aus dem Reformhaus zurück: Gut geeignet sind Weizen, Soja, Hirse, Kichererbsen, Sonnenblumenkerne oder Alfa Alfa*

Wirsingstrudel & Granatapfeldessert mit Sprossen

In der asiatischen Küche sind die farbenfrohen Keimlinge seit jeher unersetzlich

Geschmorte Rotbarschfilets
in asiatischer Karamellsoße

**Raffiniert**

*Goldbraun ausgebackene Pfannkuchen mit einer würzigen Füllung aus Frischkäsecreme, gebeiztem Lachs und Grüne-Bohnen-Sprossen. In mundgerechte Stücke geschnitten entsteht daraus ein originelles und gesundes Fingerfood*

heimnisvolles Innenleben aufblitzen. Je nach Art ist der höchste Vitamingehalt schon nach drei bis fünf Tagen erreicht. Stellt man die Sprossen dann in den Kühlschrank, wird der Keimprozess unterbrochen. Hier kann die gesunde Ernte wenige Tage lagern und bei Bedarf vielen Küchenkreationen ein individuelles Aroma verleihen, das je nach Sorte von nussig-mild bis pfeffrig-scharf reichen kann – ganz zu schweigen davon, dass sie mit ihrem schön gefärbten Äußeren auch optisch wunderbare Akzente setzen.

Wir wünschen gutes Gelingen bei der Aufzucht dieser frischen Miniaturausgaben von Getreide und Gemüse. Das Interesse für Ihr Mini-Gärtchen auf der Fensterbank wird Ihnen gewiss sein.

Blattsalat mit Tofu

**Ein kleiner, feiner Küchengarten**
*auf der Fensterbank regt die Fantasie beim Kochen an und verhilft auch altbekannten Klassikern zu ganz neuen Akzenten. Nicht zu vergessen die vielen leckeren Kreationen, um die sich das Repertoire nun erweitern kann!*

Shiitakepilze mit Paprika, Sprossen und Nudeln

Sie sind das i-Tüpfelchen einer Mahlzeit, die hochkonzentrierte Quelle für Vitamine

# Sprossen-Rezepte

## WIRSINGSTRUDEL

*Zutaten für 4 Personen:*
*Teig: 250 g Dinkelvollkornmehl, Salz, 2 EL Olivenöl, 1 Ei, 50 g zerlassene Butter, Mehl für die Arbeitsfläche. Füllung: 200 g Linsensprossen, 300 g Wirsing ohne Strunk, 2 fein gehackte Zwiebeln, 1 gehackte Knoblauchzehe, 2 EL Olivenöl, Salz, Pfeffer aus der Mühle, 4 getrocknete Tomaten (in dünne Streifen geschnitten), 125 g Feta, 1 TL gem. Kräuter.*

Zubereitung: Mehl, Salz, Öl, Ei und 125 ml lauwarmes Wasser zu einem geschmeidigen Teig verkneten und abgedeckt 30 Min. ruhen lassen. Den Wirsing in feine Streifen schneiden und blanchieren, abschrecken und gut abtropfen lassen. Zwiebeln und Knoblauch in Öl andünsten, Wirsing zugeben, mit Salz und Pfeffer abschmecken und abkühlen lassen. Mit den Tomaten, Linsensprossen und Feta vermengen und die Kräuter zugeben. Den Teig auf bemehlter Arbeitsfläche dünn ausrollen, auf ein bemehltes Tuch legen und hauchdünn ausziehen, mit der Hälfte der Butter bestreichen. Die Wirsingmasse darauf geben, dabei 2 cm Rand frei lassen. Den Teig an den Seiten einschlagen und mit Hilfe des Tuches einrollen. Mit der Naht nach unten auf ein mit Backpapier belegtes Blech legen und mit der restlichen Butter bestreichen. Bei 180 Grad Umluft auf mittlerer Schiene ca. 40 Min. backen. Vor dem Anschneiden noch einige Minuten ruhen lassen.

## VOLLKORNSANDWICH MIT GURKEN UND SPROSSEN

*Zutaten für 4 Personen: 8 Scheiben Vollkornbrot, 200 g Hüttenkäse 1 Hand voll Sprossen, 1 Hand voll Kresse, 1/3 Salatgurke, 200 g Frischkäse (0,2 % Fett), 1 EL Wasabi, Salz, Pfeffer, 1 TL Chilipulver*

Zubereitung: Die Vollkornbrote nebeneinander legen und mit dem Hüttenkäse bestreichen. Die Sprossen und die Kresse jeweils in eine Sieb geben, abspülen und trocken schütteln. Die Salatgurke waschen und der Länge nach in dünne Scheiben hobeln. Die Hälfte der Brote mit den Gurkenscheiben belegen. und mit etwas Sprossen bestreuen. Die Kresse auf die anderen 4 Brote streuen. Den Frischkäse mit den restlichen Sprossen und der Kresse sowie dem Wasabi in einen Mixer geben und fein pürieren. Die Masse auf Die Brote mit den Gurkenscheiben und den Sprossen verteilen. Leicht salzen und Pfeffern. Die Brote mit der Kresse darüber geben und mit Chilipulver bestauben.

## GESCHMORTE ROTBARSCH-FILETS IN ASIATISCHER KARAMELLSOSSE

*Zutaten für 4 Personen: 4 Rotbarschfilets, 4 EL Zucker, 6 EL Teriyaky-Marinade, 3 Knoblauchzehen (gehackt), 2 Zwiebeln (in feine Würfel geschnitten), 1 Glas Mungo-Bohnenkeimlinge, Pfeffer aus der Mühle, 1 EL Butter, 200 g Jasmin-Reis.*

Zubereitung: Reis waschen und mit ca. 500 ml Wasser ca. 30 Min. zugedeckt schwach köcheln lassen. Fischfilets pfeffern und in eine gebutterte Auflaufform setzen. Zucker in der heißen Pfanne schmelzen lassen, bis ein heller Karamell entstanden ist, vom Feuer nehmen, etwas abkühlen lassen. Dann die Zwiebeln, Knoblauch, Teriyaky-Marinade und die Bohnenkeimlinge vorsichtig unterrühren, zum Kochen bringen und über die Fischfilets geben. Bei 160 Grad ca. 15 Min. garen. Die Filets auf vorgewärmte Teller setzen und die Soße darüber verteilen. Zusammen mit dem Reis servieren.

## AVOCADOSALAT MIT RUCOLA UND SPROSSEN

*Zutaten für 2 Personen:*
*100 feiner Rucola, 100 g Sojasprossen, 1 Avocado, 1 Tomate, 2 EL Olivenöl, 1 EL Weißweinessig, 1 EL Tomatensaft, Salz, Pfeffer aus der Mühle, 1 Prise Zucker.*

Zubereitung: Rucola und Sprossen waschen, verlesen, gut abtropfen lassen und auf Tellern anrichten. Die Tomaten waschen, halbieren, entkernen und fein würfeln. Den Tomatensaft mit Öl und Essig mixen, mit Salz, Pfeffer und Zucker abschmecken. Die Avocado schälen, den Kern herauslösen, in Würfel schneiden und zum Dressing geben. Die Tomatenwürfel auf dem Salat verteilen und das Dressing mit der Avocado über den Salat träufeln.

### Kresse

*ist der Klassiker unter den Winzlingen auf der Fensterbank und mit seinem pfeffrigen Geschmack ein gern gesehener Begleiter. Außerdem ist er unkompliziert und lässt sich auf feuchter Watte beinahe überall ziehen, etwa dekorativ in Vasen oder Eierschalen*

# Sprossen-Rezepte

### PFANNKUCHENRÖLLCHEN MIT LACHS
*Zutaten für 4 Personen:*
*125 g Mehl, 250 ml Milch, 2 Eier, 1 Prise Salz, 3 EL Butter, 100 g Grüne-Bohnen-Sprossen, 200 g gebeizter Lachs in Scheiben, 200 g Frischkäse, 2 EL Sahne, Salz, Pfeffer aus der Mühle*
Zubereitung: Das Mehl mit der Milch und einer Prise Salz glattrühren, dann die Eier unterrühren und den Teig 10 Min. quellen lassen. 4 Pfannkuchen nacheinander in nicht zu heißer Butter goldgelb backen und anschließend auskühlen lassen. Frischkäse mit der Sahne glattrühren, mit Salz und Pfeffer abschmecken und 2/3 der Sprossen untermengen. Die Pfannkuchen mit dem Sprossen-Frischkäse bestreichen und mit Lachsscheiben belegen. Anschließend einrollen und in 5 cm dicke Röllchen schneiden. Auf einer Platte anrichten und die restlichen Sprossen als Garnitur in die Mitte der Pfannkuchenröllchen stecken.

### BLATTSALAT MIT TOFU, CHAMPIGNONS UND ROTKLEESPROSSEN
*Zutaten für 4 Personen: 1 Chicorée, 200 g Feldsalat, 1 kleiner Radicchio, 1 rote Zwiebel, 400 g Tofu, 100 g Champignons, 100 g Rotkleesprossen, 1 EL Sonnenblumenöl, 4 EL Sesamöl, 4 EL Reisessig, Salz, Pfeffer, ½ Mango, 1 EL Honig.*
Zubereitung: Die Salate waschen, Radicchio und Chicorée vom Strunk befreien und auf Tellern anrichten. Rote Zwiebel in Ringe schneiden und darübergeben, ebenso die geputzten und in Scheiben geschnittenen Champignons. Tofu in feine Streifen schneiden, in Öl braun anbraten und seitlich an den Salat legen. Für das Dressing die geschälte und gewürfelte Mango mit Sesamöl und Essig mixen und mit Salz, Pfeffer und Honig abschmecken. Auf den Salat träufeln und mit Sprossen garniert servieren.

### SPROSSEN-TOMATEN-BROT
*Zutaten für 2 Stück: 2 Scheiben Toastbrot, 50 g Radieschensprossen, 50 g Bohnenkeimlinge, 1 Tomate, 1 Mozzarella, Salz, Pfeffer aus der Mühle, getrockneter Oregano, Schnittlauchröllchen als Garnitur.*
Zubereitung: Tomate waschen und in dünne Scheiben schneiden. Mozzarella gut abtropfen lassen und ebenfalls in dünne Scheiben schneiden. Beides auf die Toastbrotscheiben legen, Sprossen und Keimlinge daraufgeben und mit Salz, Pfeffer und Oregano würzen. Mit Schnittlauchröllchen garniert servieren.

### SHIITAKEPILZE MIT PAPRIKA, SPROSSEN UND NUDELN
*Zutaten für 2 Personen:*
*200 g Shiitakepilze, 200 g Sojasprossen, 50 g Glasnudeln, 1 rote Paprika in Streifen geschnitten, 1 Chilischote getrocknet und gemahlen, 2 EL Sojasoße, 1 Msp. Ingwer fein gehackt, 2 EL Sonnenblumenöl. Für die Garnitur: Schnittlauch*
Zubereitung: Glasnudeln nach Packungsangabe kochen, abschrecken und abtropfen lassen. Pilze putzen und in heißem Öl anschwitzen, Paprika und Sprossen glasig mit andünsten und vom Herd nehmen. Mit Sojasoße, Ingwer und Chili würzen, auf kleine Teller setzen und mit Schnittlauch garniert servieren.

### GRANATAPFELDESSERT
*Zutaten für 4 Personen:*
*200 g Sonnenblumenkernsprossen, 250 g Magerquark, 150 g Naturjoghurt, 1 Banane, 1-2 EL Honig, 1 Msp. Zimt, 1 Granatapfel.*
Zubereitung: Quark und Joghurt mit der pürierten Banane mischen und mit Honig und Zimt abschmecken. 2/3 der Sprossen untermengen und in Schüsselchen füllen. Mit den Granatapfelkernen und den restlichen Sprossen garnieren und mit etwas Honig beträufelt servieren.

## Das schmeckt uns im
# April
### Rendevouz mit dem Lenz

Radieschen-Karotten-Salat mit Ziegenkäse ................ 58
Brunnenkressesalat mit Radieschen ........................... 59
Gurken-Kräuter Timbale .............................................. 59
Radieschen-Creme-Suppe ........................................... 59
Rettich-Radieschen-Carpaccio .................................... 59
Spinatsalat mit Ei ......................................................... 62
Green Smoothie ........................................................... 62
Rahmspinat im Filoteig-Körbchen .............................. 63
Spinatklößchen ............................................................ 64
Lachsfrikadellen auf Blattspinat .................................. 64
Spinat-Risotto ............................................................. 64
Ziegenkäse-Spinat-Törtchen ....................................... 64

# Würzig scharf in die neue Saison mit
# Radieschen & Rettich

**Etwas fürs Auge**
*Ihre appetitlich rote Farbe und die handliche Form verlocken zum Reinbeißen. Daneben die beliebten 'Eiszapfen', eine rettichähnliche, reinweiße Sorte*

"Kann ich noch einen Knacki haben, Mama?" Knacki? "Ja, die kleinen roten Radies, die so lustig krachen, wenn ich hineinbeiße." Alles klar, ein Radieschen möchte meine Tochter haben, aber eigentlich wollte ich die kleinen Knollen heute Abend noch in den Salat schnipseln. Andererseits: Radieschen sind eine viel gesündere Knabberei als Gummibärchen & Co. Sie enthalten Vitamine und Mineralstoffe sowie Senföle. Letztere sind für die Schärfe verantwortlich.

Warum sie sogar Kinder trotz ihrer Schärfe so gern essen, liegt vermutlich an ihrem niedlichen Aussehen. Knuffig rund, haben die roten Knollen genau die richtige Naschgröße. Wer mehr Abwechslung ins Spiel bringen möchte, greift zu länglichen oder rot-weißen Sorten. Die halblangen 'French Breakfast' und 'Bamba' besitzen eine weiße Spitze, ganz reinweiß präsentieren sich die zapfenförmigen 'Eiszapfen'. Da man die ausgefalleneren Sorten nur

*Ihr botanischer Name „Raphanus" ist griechisch und bedeutet „das leicht Wachsende"*

Brunnenkressesalat mit Radieschen

**Mitte April beginnt die Ernte**
*Dann können die ersten, extra-zarten Freiland-Radieschen aus dem Boden gezogen werden. Einige Wochen später folgt dann der Rettich*

**Pausenbrot mit Pfiff**
*Frische, die man schmecken kann: ein Vollkornbrötchen mit Quark bestreichen und darauf hauchdünne Radieschenscheiben verteilen*

**Vom Samenkorn in den Salat**
*dauert es im Sommer nur 4–5 Wochen. Ab März kann man direkt ins Beet oder in den Topf aussäen. Sobald die Samen gekeimt sind, vereinzelt man auf 5–7 cm Abstand*

## Gurken-Kräuter-Timbale

selten beim Gemüsehändler entdeckt, lohnt sich für Radieschen-Fans der Eigenanbau. Achten Sie beim Saatgut darauf, dass es passend zum Aussaattermin gewählt wird. Die schnellwüchsigen frühen Sorten eignen sich für die Frühlings- und Herbstkultur, die späten Sorten für den Sommeranbau. Eine gleichmäßige Wasserversorgung und gelegentliches Hacken, um den Boden schön locker zu halten, sind die kleinen Geheimnisse für eine erfolgreiche Ernte. Gleiches gilt übrigens auch für den großen Bruder der Radieschen, den Rettich. Seine Freiland-Ernte beginnt etwas später als die der Radieschen, aber immer noch rechtzeitig zur Biergartensaison.

Für den Markteinkauf morgen muss ich mir unbedingt noch Radieschen notieren. Zwei Bund: eines zum gleich Naschen, eines für den Salat.

*Je jünger der Rettich geerntet wird, umso milder ist er im Geschmack*

### Dreamteam: Radies & Gurke
*Zart hellgrüne Gurkenstückchen und rotgerandete Radieschenrädchen harmonieren nicht nur optisch, sondern auch geschmacklich perfekt.*

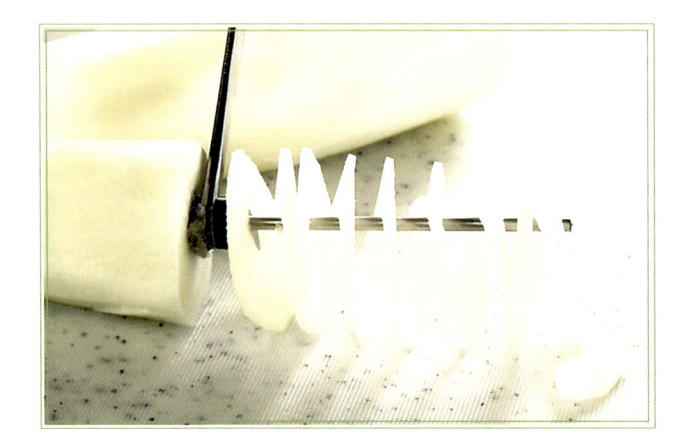

### Rettich: gut in Form gebracht
*Mit dem Spiralschneider lässt sich der lange Rettich ganz bequem in gleichmäßige Spiralen schneiden. Jetzt muss man ihn nur noch salzen und sich einen schön schattigen Platz unter der Kastanie im Biergarten suchen …*

## Rettich-Radieschen-Carpaccio

**Radieschen als Suppenstars**
*Die Schärfe der Radieschen gibt Cremesuppen eine besonders pikante Note. Wenn das Grün an den Knollen noch appetitlich frisch ist, kann man es wie Würzkraut verwenden: einfach waschen, kleinschneiden und zusammen mit den Radieschen in die Suppe geben*

### RADIESCHEN-KAROTTEN-SALAT MIT ZIEGENKÄSE

*Zutaten für 4 Personen: 4 Karotten, 1 Bund Radieschen (ca. 200 g), 150 g Ziegenkäse, 50 g Paprikasalami, 1 EL Mohnsamen, 1/2 Bund frische Pfefferminzblätter, 1/2 Bund Petersilie, Salz, Pfeffer, 4 EL Walnussöl, 2 EL Apfelessig*

Zubereitung: Die Karotten schälen, halbieren und in kleine Stifte schneiden. Die Radieschen waschen, putzen und in Scheiben schneiden. Den Ziegenkäse zerbröckeln. Essig und Öl, Mohn, Salz und Pfeffer verquirlen und in eine Schüssel geben. Karotten, Radieschen, Pfefferminzblätter, Petersilienblätter und in Scheiben geschnittene Paprikasalami mit der Salatsauce mischen. Abschmecken und mit Ziegenkäse bestreut servieren.

**Nur die knackigsten dürfen in den Salat**
*Drücken Sie beim Einkauf ruhig mal auf die Knolle: Sie darf nicht nachgeben, sondern sollte sich frisch und fest anfühlen. Übergroße Exemplare lohnen nicht, sie sind innen oft trocken!*

# Radieschen-Rezepte

### BRUNNENKRESSESALAT MIT RADIESCHEN
*Zutaten für 4 Personen: 150 g Champignons, 3 EL Butter, 2 Scheiben Weißbrot, 1 Möhre, 1 kleine Zucchini, 1/2 Bund Radieschen, 1 Bund Brunnenkresse. Für die Vinaigrette: 2 EL Apfelessig, 2 EL Walnussöl, 4 EL Pflanzenöl, Salz, Pfeffer aus der Mühle.*

Zubereitung: Champignons putzen und in Scheiben schneiden, dann in 1 1/2 EL heißer Butter kurz anbraten, mit Salz und Pfeffer würzen. Weißbrot entrinden und in restlicher Butter goldbraun rösten, auf Küchenkrepp entfetten. Möhre schälen, Zucchini waschen, beides mit dem Sparschäler (oder auf dem Gemüsehobel) längs in dünne Streifen schneiden. Das Gemüse bei Bedarf nochmals längs auf ca. 0,5 cm Breite zurechtschneiden. Radieschen waschen, putzen und in Scheiben schneiden. Brunnenkresse waschen und kleinzupfen. Essig mit Salz und Pfeffer verrühren, Ölsorten unterschlagen. Salatzutaten mit der Vinaigrette vermengen und auf Tellern anrichten.

### RADIESCHEN-CREME-SUPPE
*Zutaten für 4–6 Personen: 3 Bund Radieschen mit Blättern, 150 g mehligkochende Kartoffeln, 1 Schalotte, 2 EL Butter, 900 ml Gemüsebrühe aus dem Glas, 100 g Crème fraîche, Salz, Pfeffer aus der Mühle, Muskat.*

Zubereitung: Radieschen gut waschen, 10 Radieschen zur Seite legen, den Rest mit dem Grün grob hacken. Kartoffeln schälen, waschen und grob würfeln. Schalotte schälen und würfeln. Butter in einem Topf erhitzen und die Schalotten glasig dünsten, Kartoffeln und Radieschen mit Grün dazugeben und alles anschwitzen. Die Brühe angießen, alles aufkochen lassen und zugedeckt 20 Minuten köcheln lassen. Danach Suppe mit dem Pürierstab pürieren und die Crème fraîche unterrühren. Mit Muskat, Salz und Pfeffer abschmecken. 5 Radieschen in Scheiben, 5 Radieschen in feine Würfelchen schneiden. Radieschenwürfel in die Suppe einrühren und die Suppe auf vorgewärmte Teller verteilen, mit Radieschenscheiben garniert servieren.

### GURKEN-KRÄUTER TIMBALE
*Zutaten für 4 Personen: 400 g Gurke, 100 g mittelalter Gouda, 2 EL frisch gehackte Petersilie, 1 EL Schnittlauchröllchen, 2 Eier, 2 Eigelb, 4 EL Milch, Salz, Pfeffer aus der Mühle. Außerdem: 4 Flanförmchen mit je etwa 200 ml Inhalt, Butter für die Förmchen. Für den Radieschensalat: 1 Bund Radieschen, 1 Stück Salatgurke, 2 EL Essig, 3 EL Sonnenblumenöl, Salz, Pfeffer aus der Mühle.*

Zubereitung: Gurke schälen, längs halbieren, Kerne mit einem Löffel herausschaben und die Gurke reiben. Den Käse entrinden und in kleine Stücke schneiden. Gurke, Käse und Kräuter mit den Eiern, den Eigelben und der Milch fein pürieren und mit Salz und Pfeffer würzen. Die Gurkenmasse in die gebutterten Förmchen füllen. Die Förmchen in eine passende Auflaufform stellen und ca. 1 l kochendes Wasser angießen. Im vorgeheizten Backofen bei 160 Grad in ca. 45 Min. garen. Für den Salat Radieschen waschen, putzen und in Scheiben schneiden. Gurke waschen, längs halbieren, entkernen und die Gurke in kleine Würfel schneiden. Essig und Öl verrühren und Radieschen und Gurke damit mischen, mit Salz und Pfeffer aus der Mühle abschmecken. Zum Servieren die Timbales auf Teller stürzen und den Salat dazu garnieren.

### RETTICH-RADIESCHEN-CARPACCIO
*Zutaten für 4 Personen: je ca. 300 g Radieschen und schwarzer Rettich, 1 Salatgurke, Salz, Pfeffer*

Zubereitung: Radieschen und Rettich waschen. Anschließend putzen und in hauchdünne Scheiben schneiden oder mit einer Aufschnittmaschine hobeln. Die Salatgurke heiß abwaschen und mit einem Zestenreißer lange Schalenstreifen von der Gurke abziehen (oder die Schale mit einem Sparschäler dünn abschälen und längs in sehr dünne Streifen schneiden). Radieschen- und Rettichscheiben dachziegelartig auf Teller oder Schalen anrichten, mit Salz und Pfeffer aus der Mühle bestreuen und die Gurkenstreifen dekorativ dazulegen.

# Es grünt so grün: *Junger Spinat*

### Spinatklößchen

**Comeback als Feinschmeckergemüse**

*Einst als Kinderschreck verrufen, weiß man heute die Qualitäten des Blattgemüses wieder richtig zu schätzen. Und lässt damit bodenständige Gerichte wie die Spinatklößchen ebenso Farbe bekennen wie feine Vorspeisen*

**Lachsfrikadellen auf Blattspinat**

### Zartes Gemüse
*Auch junge Spinatblätter müssen vor der Zubereitung gründlich verlesen und von ihren Stielen befreit werden. Da die Blätter beim anschließenden Blanchieren oder Dünsten in sich zusammenfallen, würden die harten Stiele nur stören*

### Frische einkaufen
*Kaufen Sie Spinat nur, wenn die Blätter kräftig grün und knackig-frisch sind. Am besten bereitet man ihn noch am selben Tag zu. Länger als zwei Tage sollte man Spinat auch im Kühlschrank nicht lagern, da er sonst schlapp wird und wertvolle Inhaltsstoffe verliert*

### Handverlesen
*Wurzelspinat, bei dem die Blattrosetten mitsamt dem Wurzelhals gestochen werden, findet man selten auf dem Markt. Falls Sie doch mal einen erwischen: Mit einer leichten Drehbewegung lassen sich die Blätter leicht von den Wurzeln lösen. Anschließend kürzt man bei Bedarf noch die Stiele*

Während wir mit Popeye, dem muskelbeladenen Matrosen und Spinatliebhaber aufwuchsen, kommen die Kinder heute triumphierend aus der Schule heim: „Beim Spinat hat sich jemand verrechnet, er ist gar nicht so gesund!" Da in diesem Fall rein sachliche Argumente, die den dennoch hohen Eisengehalt, die vielen Mineralien und wertvollen Vitamine anführen, wenig nützen, wählt man den kulinarischen Überzeugungsweg. Wenn ein hungriges Kind dann herrlich duftende Spinatpfannkuchen oder die Lieblingsnudeln, aufgeschichtet mit Spinat und Käse in der Auflaufform, entdeckt, sind die Vorbehalte gegen das grüne Gemüse schnell vergessen. Um jedoch Gäste oder den Liebsten mit einem Spinatrezept zu begeistern, sollten Sie zu raffinierteren Varianten greifen: etwa einen Salat mit Spinatblättern, der nur jetzt im Frühling zu machen ist. Ungekocht behalten die jungen grünen Blätter ihre ganzen wertvollen Inhaltsstoffe und wirken wie eine

**Ziegenkäse-Spinat-Törtchen**

### Zarte Blattrosetten

*Spinat ist eine typische Langtagpflanze, die bei Wärme und Trockenheit schnell wächst und blüht und dann nicht mehr zu genießen ist. Ausgesät im Frühling oder Herbst bilden sich jedoch die begehrten Blattrosetten aus*

Schönheitskur von innen... Ansonsten passt sich das Blattgemüse fast jedem Gericht an: Es mundet zu Kurzgebratenem ebenso wie zu Fisch und harmoniert perfekt mit Beilagen wie Kartoffeln, Nudeln und Reis. Um richtig feinen Blattspinat zu erhalten, werden die Blätter kurz in kochendem Salzwasser blanchiert. Kühlt man sie danach sofort in Eiswasser ab und drückt sie anschließend aus, behalten sie ihre kräftige grüne Farbe. Für mediterrane Gerichte greift man neben Salz und Pfeffer zu fein gehacktem Knoblauch, Zitronensaft und Olivenöl – dazu eine gute Prise frisch geriebenen Parmesan. Einen asiatischen Touch bekommt das Gemüse, wenn man es mit Knoblauch und Erdnüssen anbrät und mit geriebenem Ingwer und Sojasoße abschmeckt.

Spinat (Spinacia oleracea) wird heutzutage weltweit, mit Ausnahme der Tropen, angebaut, seine Vorfahren stammen vermutlich aus dem Vorderen Orient. Wer sich für den Spinat-Anbau im eigenen Garten entscheidet, tut dem Boden damit Gutes: Spinat ist eine ideale Vorkultur, weil seine Wurzeln die Erde lockern. Deshalb lässt man sie nach der Ernte auch ruhig im Boden! Gute Beetnachbarn sind Salat, Radieschen, Bohnen, Sellerie und Kohl. Während des Wachstums wollen die Pflänzchen regelmäßig gegossen und die Erde zwischen den Reihen gehackt werden. Schon 6–8 Wochen nach der Aussaat beginnt die Ernte. Und wenn man dann den ersten Spinatsalat aus eigenem Anbau genossen hat, fühlt man sich fast so stark wie Popeye ...

#### SPINATSALAT MIT EI

*Zutaten für 2 Portionen: 200 g Blattspinat, 200 g Champignons, 150 g Mais, 2 hart gekochte Eier, 2 Zwiebeln, 1/2 kleine Chilischote, 8 EL Gemüsebrühe, 2 EL Zitronensaft, Salz, Pfeffer, 2 TL Öl, 1 TL gehackte Petersilie, 50 g gehobelter Parmesan.*

Zubereitung: Spinat verlesen, waschen und trockentupfen, Champignons waschen, putzen und in Scheiben schneiden. Vorbereitete Zutaten mit dem Mais mischen. Eier pellen, vierteln und zugeben. Zwiebeln abziehen, fein würfeln, Chilischote putzen, waschen und fein hacken. Beides mit den restlichen Zutaten verrühren. Über den Salat geben. Mit Parmesankäse bestreuen.

### Die Geburt der Schwäbischen Maultaschen

*Weil sie mitten in der Fastenzeit ein Stück Fleisch geschenkt bekamen, hackten es die Mönche klein, vermischten es mit Kräutern und Spinat aus dem Klostergarten und rollten die Masse in Nudelteig ein*

#### GREEN SMOOTHIE

*Zutaten: 1 kleine Packung Spinat (TK), 1 Banane, 3 EL probiotischer Joghurt, 1/2 Tasse kernlose, grüne Weintrauben, 2 Kiwi, 1 Tasse Sojamilch, Honig nach Geschmack.*

Zubereitung: Alle Zutaten in einem Mixer pürieren. Auf Gläser verteilen und sofort servieren.

*„Auf Florentiner Art" heißen Gerichte, wenn sie mit Spinatbeilage serviert werden – ganz so, wie es einst Katharina von Medici liebte*

## RAHMSPINAT IM FILOTEIG-KÖRBCHEN

*Zutaten für 8 Körbchen: 1 Packung Filoteig (450 g), 40 g Butter, 1 Packung Rahmspinat (500 g), 100 g Sahne, Salz, Pfeffer, Muskat.*

Zubereitung: Den Filoteig in acht 15 x 15 cm große Quadrate schneiden, in acht mit Butter ausgestrichene Tarteförmchen legen und ca. 10–15 Min. bei 200 Grad backen. Den Spinat in einem Topf erwärmen, die Sahne steif schlagen. Den Spinat mit Salz, Pfeffer und Muskat würzen. Die Filoschälchen aus dem Ofen nehmen, den Spinat darauf verteilen und mit Sahne garniert auf einer Platte anrichten.

# Spinat-Rezepte

### SPINATKLÖSSCHEN

*Zutaten für 4 Personen: 500 g Spinat, 80 g Parmesan, 200 g Quark, 2 Eier, 160 g Kamut (ein Urweizen, fein gemahlen), Salz, Pfeffer aus der Mühle, Muskat, 2–3 Stangen Lauch, 1–2 EL Butter, 1 EL gekörnte Gemüsebrühe, 3 EL Crème fraîche, 1/2 Bund Schnittlauch, in Röllchen geschnitten.*

Zubereitung: Spinat waschen, putzen, verlesen und tropfnass in wenig kochendem Salzwasser zusammenfallen lassen, dann abgießen, abschrecken und abtropfen lassen. Spinat ausdrücken, fein hacken. Den Käse mit Quark, Eiern, Kamut-Mehl, Spinat, Salz, Pfeffer und Muskatnuss mischen und kräftig abschmecken. 2 l Salzwasser aufkochen und mit Hilfe von 2 EL Klößchen von dem Teig abstechen und in das heiße, nicht mehr kochende Wasser geben, bei milder Hitze garen, bis die Klöße an die Oberfläche steigen. Weiter ziehen lassen (höchstens 10 Min.). Lauch putzen, längs in lange dünne Streifen schneiden, in Butter anschwitzen, etwas Brühe zugeben, 5 Min. dünsten. Crème fraîche unterrühren, würzen, abschmecken und auf Teller verteilen. Die Klößchen mit einem Schaumlöffel aus dem Sud nehmen und auf die Teller verteilen. Mit Schnittlauchröllchen bestreut servieren.

### LACHSFRIKADELLEN AUF BLATTSPINAT

*Zutaten für 4 Personen: Für den Spinat: 800 g Blattspinat, 200 ml Sahne, 100 g Parmesan (gehackt), Salz, Pfeffer, Muskat, 1 TL gekörnte Brühe. Für die Frikadellen: 300 g Lachsfilet, 200 g gekochte Kartoffeln, 50 g Mehl, 1 Ei, 2 TL Senf, Salz, Pfeffer, Muskat, Semmelbrösel. Öl zum Frittieren.*

Zubereitung: Den Spinat waschen, putzen, verlesen, dann tropfnass in einen Topf geben und andünsten, Sahne aufgießen und so lange dünsten bis der Spinat zusammenfällt, mit gekörnter Brühe würzen, abschmecken und mit Parmesan bestreuen. Frittierfett in einem Topf erhitzen (es ist heiß genug, wenn an einem Kochlöffelstiel, den man ins Fett hält, Bläschen aufzusteigen beginnen). Das Fischfilet pürieren, die Kartoffeln dazupressen, mit Mehl, Ei, Senf, Salz, Pfeffer und Muskat zu einem glatten Teig kneten, falls der Teig zu feucht ist, Semmelbrösel unterkneten. Mit feuchten Händen ca. 12–16 flache Frikadellen formen, diese portionsweise goldgelb frittieren. Auf Küchenkrepp abtropfen lassen und mit dem Spinat auf Tellern angerichtet servieren.

### SPINAT-RISOTTO

*Zutaten für 4 Personen: 1 Zwiebel, 1 Knoblauchzehe, 60 g Butter, 300 g Risottoreis, 100 ml Weißwein, 1 Liter Gemüsebrühe, 1 Packung tiefgefrorener Blattspinat (450 g), Salz, Pfeffer, 40 g geriebener Parmesankäse, 2 EL geröstete Pinienkerne.*

Zubereitung: Zwiebel und Knoblauch abziehen, fein würfeln und in 20 g heißer Butter andünsten. Reis zugeben, unter Rühren glasig dünsten. Wein zugießen und verdampfen lassen. Brühe nach und nach zugießen, Reis ca. 20 Minuten quellen lassen. Aufgetauten Spinat ausdrücken, etwas hacken und unter das Risotto mischen. Würzen. Etwa 10 Minuten weiterquellen lassen. Restliche Butter und geriebenen Parmesan unterziehen. Abschmecken. Mit gerösteten Pinienkernen bestreuen.

### ZIEGENKÄSE-SPINAT-TÖRTCHEN

*Zutaten für 10 Törtchen: Semmelknödelteig: 500 g altbackene Semmeln, 250 ml lauwarme Milch, 3 Eier, 1/2 Bund Petersilie, Salz, Pfeffer aus der Mühle, 1 Schalotte, fein gehackt, 1 EL Butter. Für den Spinat: 500 g Blattspinat, 2 EL Stärkemehl, Salz, Pfeffer. Für die Soße: 400 ml Rote-Bete-Saft, 100 ml Rotwein, 3–4 EL Soßenbinder, Salz, Pfeffer. Außerdem: 400 g Ziegenfrischkäse, 200 g Sahne, Salz, weißer Pfeffer, 4 EL Balsamicocreme, 2 TL Olivenöl, 1 Handvoll Blattspinat, 10–12 Duftnelken, Kräuter nach Belieben, 10 Ringförmchen.*

Zubereitung: Semmeln in Scheiben schneiden, die Milch darübergießen, Eier, Petersilie, Schalotte, Salz und Pfeffer dazugeben und gut vermengen, 20 Min. quellen lassen, den Semmelteig in eine gebutterte Auflaufform streichen und diese in die mit Wasser befüllte Fettpfanne des Ofens stellen. Bei 180 Grad auf der unteren Schiene den Semmelteig ca. 30–40 Min garen, auskühlen lassen und auf ein Brett stürzen. Zwischenzeitlich den Spinat waschen, putzen, verlesen und tropfnass in einem weiten Topf dünsten, würzen, mit Stärke stäuben und eindicken lassen. Den Spinat auskühlen lassen. Den Rotwein aufkochen und den Soßenbinder einrühren, Rote-Bete-Saft zugeben, würzen und auskühlen lassen. Die Sahne steif schlagen, mit Salz und weißem Pfeffer unter den Ziegenfrischkäse heben. Den ausgekühlten Semmelteig auf ein Brett stürzen und mit den Ringförmchen 10–12 Scheiben ausstechen, Rest anderweitig verwenden (z.B. anbraten). Die Soße auf die Teller als Spiegel gießen und die Semmelteigscheiben mit den Förmchen daraufgeben, den Ring etwas hochziehen und den Spinat auf die Semmelknödelscheiben streichen, andrücken, den Ring wieder ein Stückchen hochziehen und die Frischkäsecreme darauf verteilen, glattstreichen, mit Balsamicocreme und Olivenöl beträufeln. Die Ringe entfernen, mit Kräutern, Spinatblättern und Duftnelken garniert servieren.

Das schmeckt uns im

# Mai

### Feiern im Wonnemonat

| | |
|---|---|
| Maibowle | 67 |
| Kirsch-Bowle | 68 |
| Marillen-Bowle | 68 |
| Kräuter-Bowle | 68 |
| Rosen-Bowle | 68 |
| Heidelbeer-Bowle | 69 |
| Feigen-Bowle | 69 |
| Giersch-Bowle | 70 |
| Holunderblütensirup | 70 |
| Sommer-Bowle | 71 |
| Waldmeister-Cocktail | 71 |
| Exotische Bowle | 71 |
| Melonen-Bowle | 71 |
| Erdbeertörtchen | 77 |
| Muttertagstorte mit Vanille-Mascarpone-Creme | 77 |
| Erdbeerschaum auf Rhabarberkompott | 77 |
| Schokoherz mit Rose | 77 |
| Salat mit grünem Spargel | 83 |
| Hülsenfrüchtesalat mit grünem Spargel | 83 |
| Lachs-Spargel-Quiche | 83 |
| Grüner Spargel mit Kräuterquark | 83 |
| Spargel-Lachs-Rolle mit Kräuterpüree | 83 |

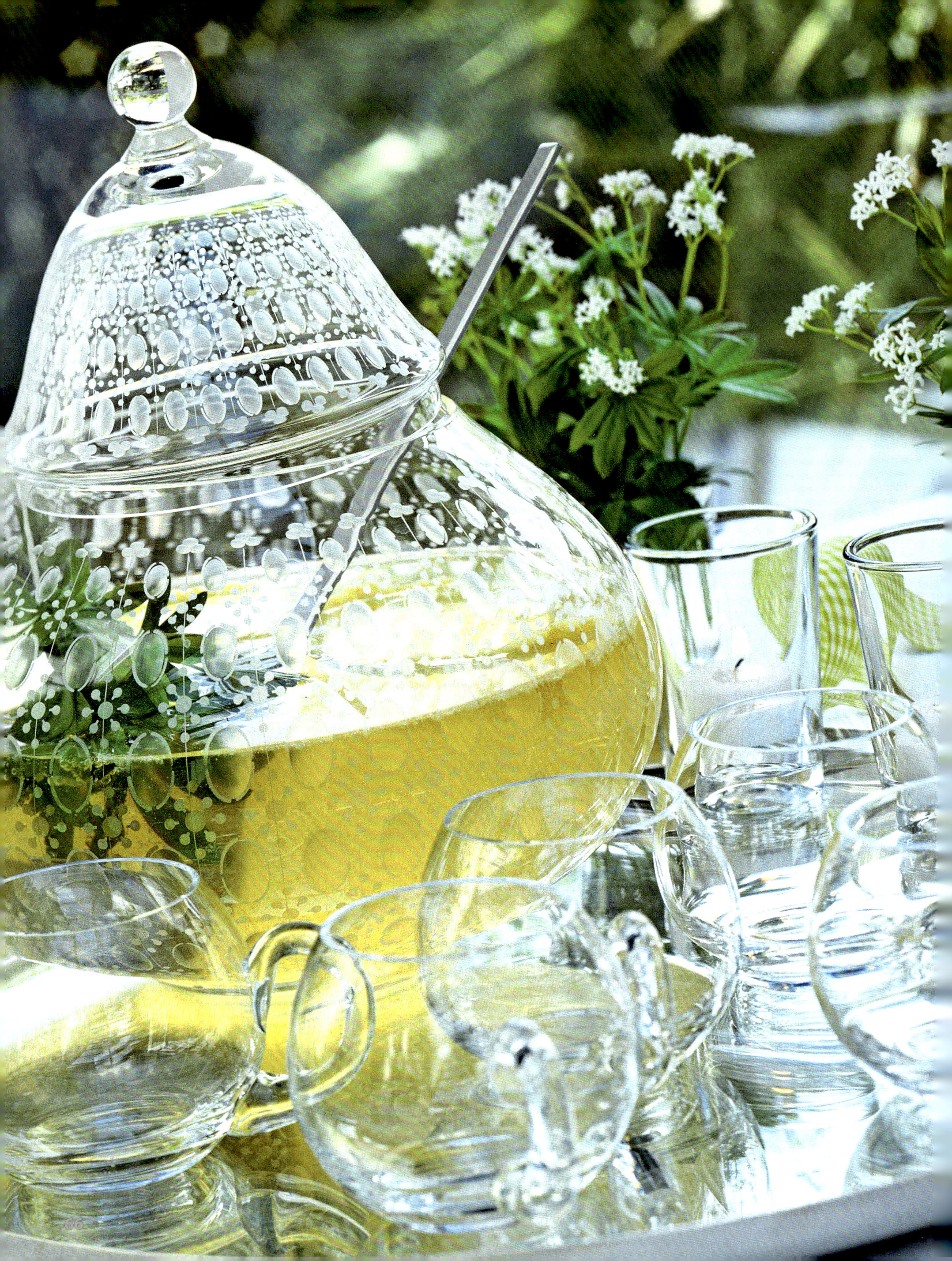

# Erfrischend anders
## *Bowlen*

### Klassiker
*Waldmeister eröffnet den Reigen der Bowlen, die in den typischen dickbauchigen Glasgefäßen serviert werden und zur Grillparty ebenso passen wie zum noblen Sommerfest*

### Preisgegeben
*Lieben Gästen verrät man gerne sein Geheimnis der besten Mai-Bowle. Das in grüner Schrift ausgedruckte Rezept einfach mit Karoband um die Serviette binden*

### Feine Kombination
*Außer Waldmeister strahlen auch Maiglöckchen, Azaleen und Akelei mit weißen Blüten über frischgrünem Laub. Dazu eine Organzadecke und maigrüne Kissen – wo ließe sich die prickelnde Erfrischung besser genießen?*

### Quirlige Pflanzenfamilie
*Das herausragende Merkmal des Waldmeisters sind seine quirlig angeordneten Blätter, die getrocknet noch aromatischer sind*

Was haben Holunder, Waldmeister, Giersch, Feigen, Heidelbeeren, Gartenkräuter, Melonen, Feigen und Rosen gemeinsam? Sie verleihen der spritzigen Melange aus Wein, Sekt und Früchten ein unvergleichliches Aroma

### MAI-BOWLE
*Zutaten für 4–6 Personen: Ein kleines Bund Waldmeister (etwas angetrocknet), 1 Zitrone, 1 Flasche trockener Weißwein (eisgekühlt), 1 Flasche Mineralwassser oder Sekt, Zuckersirup nach Belieben.*
Zubereitung: Den Waldmeister in ein großes Glasgefäß geben, mit dem Wein übergießen und 2–3 Std. kalt stellen. Kurz vor dem Servieren mit Zitronensaft und Sirup abschmecken und mit Mineralwasser bzw. Sekt auffüllen.

*Maibowle*
1 Liter Weisswein
1 Liter Sekt
oder Mineralwasser
Saft von 2 Zitronen
Schale von 1 Zitrone
1 Bund Waldmeister

## Das kultige Kaltgetränk mit den vielen Geschmacksnoten

In den 60er und 70er Jahren war sie der Getränke-Hit auf jeder Party. Die „Mai-Bowle" eröffnete die Grillsaison, und zum Sommerfest gab es „Kalte Ente", den prickelnden Mix aus Sekt, Weißwein und Zitrone. Weil Longdrinks, Cocktails und Fingerfood in der Folgezeit aber wohl mehr dem Zeitgeist entsprachen, verschwanden die dickbauchigen Glasgefäße im Schrank – um mit der nächsten Retro-Welle erneut ihr Comeback zu feiern. Welche erstaunlichen Geschmacksvarianten Bowlen zu eigen sind, zeigt unsere kleine Rezeptsammlung von köstlichen Klassikern bis zu außergewöhnlichen Kompositionen mit Kräutern und exotischen Früchten

### KRÄUTER-BOWLE

*Zutaten: 10 Minzeblätter, 2 kleine Salbeiblätter, 10 Zitronenmelisseblätter, 1 Spitze eines Estragontriebes (etwa 10 cm lang), 150–200 ml brauner Rum, 2 Flaschen (je 0,75 l) trockener Weißwein, 1 Flasche (0,75 l) trockener Sekt.*

*Zubereitung:* Frische Kräuter 2–3 Std. mit Rum ansetzen. Zum Servieren mit Wein und Sekt aufgießen. Wegen der verschiedenen Blattgrößen können die Mengen variieren. Achten Sie darauf, dass die Minze nicht allzu stark hervorsticht, es sei denn, Sie bevorzugen ihren Geschmack besonders. Sehr gut schmeckt diese Bowle auch, wenn anstelle des Weines ein milder, vielleicht sogar leicht süßer Apfel- oder Birnenmost verwendet wird.

### KIRSCH-BOWLE

*Zutaten für 6–8 Personen: 500 g frische Kirschen, 0,25 l Amaretto, nach Belieben mehr, 0,75 l Kirschsaft, 0,5 l trockener Sekt, gut gekühlt, ungespritzte Kirschblätter.*

*Zubereitung:* Die Kirschen waschen, entkernen und in einem Glaskrug mit Amaretto begießen. Im Kühlschrank 12 Stunden, am besten über Nacht, ziehen lassen. Am nächsten Tag mit Sekt und Kirschsaft auffüllen, gut vermengen, einige Kirschblätter als Garnitur dazugeben und servieren.

### ROSEN-BOWLE

*Zutaten: 2 Handvoll frische, stark duftende, unbehandelte Rosenblätter, Saft von 2 Zitronen, 2 Päckchen Vanillezucker, 1 Flasche gut gekühlter Roséwein, 1 Flasche Tonicwater oder Ginger-Ale, 1 Flasche Prosecco oder Mineralwasser, 1 Schuss Granatapfelsirup.*

*Zubereitung:* Rosenblätter vorsichtig waschen, noch besser: am Abend vor der Ernte vorsichtig mit Wasser absprühen. In eine Bowlenschale geben. Zitronensaft, Vanillezucker, Roséwein und Tonicwater hinzufügen, 1 Std. ziehen lassen. Kurz vor dem Servieren Prosecco oder Mineralwasser zugeben. Mit einem Schuss Granatapfelsirup abschmecken, dieser intensiviert gleichzeitig die Farbe. Die Bowle vorsichtig und schnell durchsieben. Frische Rosenblätter hineinstreuen. Kühl servieren.

### MARILLEN-BOWLE

*Zutaten: 7–10 vollreife Marillen (Aprikosen), 150–200 ml brauner Rum oder Weinbrand (38 %), 2 Flaschen (je 0,75 l) trockener Weißwein, 1 Flasche (0,75 l) trockener Sekt, Sodawasser nach Belieben.*

*Zubereitung:* Marillen halbieren, entsteinen, in kleine Stücke schneiden. Im Bowlegefäß mit Rum oder Weinbrand 2–3 Std. ansetzen, kühl stellen. Kurz vor dem Servieren mit Wein und Sekt aufgießen. Je nach gewünschter Stärke mit Sodawasser verdünnen.

### Würziger Salbei

*Das aromatische Kraut nur sparsam verwenden, sonst übertönt sein kräftiger, leicht bitterer Geschmack das zarte Aroma der Kräuter-Bowle*

### HEIDELBEER-BOWLE

*Zutaten: 500 g vollreife Heidelbeeren,
0,2 l Weinbrand oder brauner Rum (ca. 40 %),
2 Flaschen (je 0,75 l) trockener Rotwein,
1 Flasche (0,75 l) trockener Sekt, etwas Kristallzucker.*
Zubereitung: Heidelbeeren mit einer Gabel anstechen oder leicht quetschen, jedoch nur so viel, dass ihre Außenhaut verletzt ist und ihre Form einigermaßen bestehen bleibt. Die so im Bowlegeschirr vorbereiteten Beeren mit dem Kristallzucker bestreuen und 2 Stunden stehen lassen – es soll etwas Saft gezogen werden. Erst dann mit dem Weinbrand oder Rum begießen, weitere 1–2 Std. stehen lassen. Der Rotwein kann schon einige Zeit vor dem Servieren hinzugefügt werden, da Rotwein-Bowlen nicht kühl gehalten werden müssen.

#### Optisches Highlight

*In Gefäßen aus geschliffenem Glas kommen Bowlen mit Blüten oder Früchten besonders gut zur Geltung. Als Mittelpunkt der Tafel verleihen sie ihr einen romantischen Touch – aufwändige Dekorationen sind meist gar nicht mehr notwendig*

#### Blütenzauber für die Tafel

*Einzelne nostalgische Rosen oder Nelken setzen hübsche Akzente auf dem Tisch: Stiel abknipsen und die Blüten in halb mit Wasser gefüllte Trinkgläser setzen*

### FEIGEN-BOWLE

*Zutaten: 1 kg frische, vollreife Feigen, 150–200 ml brauner Rum oder Weinbrand (38 %), 2 Flaschen (0,75 l) trockener Weißwein, 1 Flasche (0,75 l) trockener Sekt.*
Zubereitung: Feigen sorgfältig waschen, Stielansätze abschneiden und die Früchte zerkleinern. Fruchtstücke mit Rum oder Weinbrand 2–3 Std. ansetzen. Danach mit Weißwein aufgießen, nochmals 1/4 Std. stehen lassen. Kalten Sekt erst kurz vor dem Servieren zugeben. Wegen der reifen, weichen Früchte wird die Bowle etwas trüb.

### HOLUNDERBLÜTENSIRUP

*Zutaten: 20 Holunderblütendolden, 2 unbehandelte Zitronen, 1 kg Zucker, 50 g Zitronensäure, 1 l Wasser.*
Zubereitung: Die heiß abgespülten und in Scheiben geschnittenen Zitronen in ein Steingut- oder Porzellangefäß legen. Die Holunderblüten waschen, trockenschütteln, von den Stielen zupfen und ebenfalls in das Gefäß legen. Zucker, Zitronensäure und kochendes Wasser zufügen. Gut umrühren. Zudecken und an einem kühlen Ort 2–3 Tage ziehen lassen, öfter umrühren. Dann absieben und in sehr heiß ausgespülte, absolut saubere Flaschen füllen. Tipp: 1–2 Teelöffel Sirup pro Glas mit Mineralwasser oder Sekt aufgießen. Im Winter mit kochendem Wasser aufgießen. Wärmt angenehm und wirkt abwehrsteigernd bei Erkältungen. Kühl gelagert hält sich der Sirup mehrere Monate.

### GIERSCH-BOWLE

*Zutaten für 6–8 Personen: 1 großer Kräuterstrauß (Giersch und Sauerampfer, nach Belieben etwas Zitronenmelisse), 0,25 l klarer Apfelsaft, 0,75 l trockener Sekt, Zitronensaft nach Belieben, ca. 0,5 l Mineralwasser, 1 Bio-Zitrone, Zucker nach Geschmack.*
Zubereitung: Kräuter waschen, die Hälfte der Kräuter grob zerkleinern und in einem Topf mit etwas Mineralwasser begießen. Zugedeckt über Nacht im Kühlschrank ziehen lassen. Am nächsten Tag durch ein Sieb abgießen und den Kräutersud zusammen mit den restlichen Kräutern in eine Karaffe geben. Mit Apfelsaft, Sekt und Zitronensaft abschmecken. Die Zitrone in Scheiben schneiden, entkernen und zugeben. Nochmals 1–2 Stunden kühl stellen.

**Für kreative Köche**
*Ob als Bowle, Kaltschale, als Sorbet oder Milchcreme – duftige Holunderblüten erlauben vielfältige Zubereitungen. Als Gewürze passen Zimt, Vanille, Safran und Ingwer*

## Ein köstlicher Genuss – mit dem richtigen Kick

Am besten schmecken Bowlen eisgekühlt. Pures Eis verwässert jedoch das Geschmackserlebnis. Als Alternative bieten sich Eiswürfel an, die Sie ganz einfach aus Fruchtsaft herstellen können. Je nach Rezept eignen sich für Frucht-Bowlen: Apfelsaft, Kirschsaft, Zitronen- oder Erdbeersaft. Für exotische Bowlen: Ananas-, Grapefruit-, Passionsfrucht- oder Guavensaft. Granatapfelsaft verfeinert Bowlen nicht nur mit seinem leckeren Aroma, sondern intensiviert auch die Farbe. Frucht-Eiswürfel erst kurz vor dem Servieren ins Bowlegefäß geben.

### WALDMEISTER-COCKTAIL

*Zutaten für ca. 15 kleine Gläser:
1/2 Bd. Waldmeister, 1/2 l Zitronenlimonade, 1–2 Limetten, 150 ml Wodka, frische Waldmeisterblättchen, Eiswürfel.*

Zubereitung: Waldmeister sorgfältig waschen, trockenschütteln und leicht antrocknen lassen. Limette in sehr dünne Scheiben schneiden, den austretenden Saft auffangen. Die Hälfte der Limonade über die Limetten gießen, den Waldmeister so hineinlegen. Alles für ca. 1 Std. in den Kühlschrank stellen und ziehen lassen. Aus dem Kühlschrank nehmen, den Waldmeister entfernen, die restliche Limo und den Wodka hinzugeben. Zusammen mit Limettenscheiben in Gläser füllen, Eiswürfel zugeben und mit Waldmeister garniert servieren.

### SOMMER-BOWLE

*Zutaten für 4–6 Personen: 10 g weißer Tee,
1 l Wasser, 200 ml Apfelsaft, 3 säuerliche Äpfel,
1/2 Salatgurke, 2 unbehandelte Orangen,
1 Handvoll Borretschblüten, 1/3 Bund Minze,
Zucker nach Belieben.*

Zubereitung: Wasser aufkochen und auf etwa 80°C abkühlen lassen. Den Tee damit übergießen und 3 Min. ziehen lassen. Durch ein Sieb gießen, nach Belieben etwas süßen und abkühlen lassen. In der Zwischenzeit die Äpfel schälen, vierteln, entkernen und in Spalten schneiden. Die Gurke gründlich waschen und in dünne Scheiben schneiden. Orangen waschen und mit der Schale in Spalten schneiden. Minze waschen und die Blätter abzupfen. Borretschblüten vorsichtig in einem Schälchen mit Wasser waschen, auf einem Küchentuch abtropfen lassen. Einige Blüten und Minzeblätter zur Seite legen. Alle Zutaten in eine Schüssel geben, abgedeckt im Kühlschrank über Nacht ziehen lassen und mit Minze und Borretsch garnieren.

### EXOTISCHE BOWLE

*Zutaten für 2 l Bowle: 2 Karambolen,
250 g Weintrauben, 2 Zitronen, 100 ml Zitronensaft, 150 g Zucker, 1 Vanilleschote, 1 kleines Stück Ingwer, 1 l Weißwein.*

Zubereitung: Trauben waschen. Karambole waschen und quer in Scheiben schneiden. Zitronen gründlich schälen und ebenfalls in Scheiben schneiden. Früchte in das Bowle-gefäß geben. Zitronensaft, Zucker und 500 ml Wasser in einem Topf aufkochen. Vanilleschote längs aufschlitzen, Ingwer schälen. Alles in den Topf geben und ca. 5 Min. köcheln, dann abkühlen lassen. Wein und Sirup zu den Früchten ins Bowlegefäß gießen und kalt stellen.

### MELONEN-BOWLE

*Zutaten für ca. 2–2,5 l: 1 große reife Honig- oder Galiamelone,
2 EL Zucker, 4 cl Grand Marnier, 1 Flasche kalter Weißwein,
1 Flasche kalter, trockener Sekt.*

Zubereitung: Melone halbieren, entkernen und das Fruchtfleisch mit einem Kugelausstecher herauslösen. Orangenlikör, Zucker und die Melonenkugeln in ein Bowlengefäß geben. Den Wein dazugießen und zugedeckt 2 Stunden in den Kühlschrank stellen. Kurz vor dem Servieren mit Sekt auffüllen.

Ein ganz besonderer Tag

*Mami ist die Beste!*

Erdbeertörtchen

**Frühstück!**
*Kinder können es heute kaum erwarten, ihrer Mutter ein liebevoll zusammengestelltes Frühstück ans Bett zu bringen. „Um 6 Uhr morgens hast du doch bestimmt schon ausgeschlafen, oder, Mami?"*

**Lassen Sie es rote Rosen regnen!**
*In eine prachtvolle Silberschale mit Fuß werden Rosenblütenköpfe dicht an dicht gesetzt. Ein duftendes Blütenmeer – welche Mutter möchte nicht darin schwelgen?*

*„Seine Mutter saß am Tisch und schrieb.
Ernsthaft rückte sie an ihrer Brille.
Und die Feder kratzte in der Stille.
Und er dachte: Gott, hab ich sie lieb!"*

ERICH KÄSTNER

**Opulent genießen**
*Zur Feier des Tages wird der Kaffee im Rosengeschirr mit Goldrand serviert – nicht nur mit einer dicken Sahnehaube verziert, sondern auch mit kleinen rosafarbenen Blüten aus Zucker*

Die Beziehung zu ihr ist für jeden Menschen etwas ganz Besonderes. Der viel gereiste Schriftsteller Antoine de Saint-Exupéry zum Beispiel nannte in Briefen seine Mutter zärtlich „meine kleine Mama". 1930 schrieb er an sie aus Buenos Aires: „Du kannst nicht recht ermessen, welche unendliche Dankbarkeit ich dir gegenüber empfinde und welch ein Haus von Erinnerungen du mir gebaut hast." Anrührende Worte von einem erwachsenen Sohn an seine Mutter. Gerade diese kleinen Gesten, nicht nur am Muttertag, sind es, die der geliebten Mutter zeigen: „Du bist mir sehr wichtig." Mit einem selbst gepflückten Blumenstrauß, einem spontanen Mitbringsel aus der Stadt oder einer Postkarte mit ein paar lieben Zeilen lässt sich ganz einfach sagen: „Schön, dass es dich gibt!"

> *„Muttertag – der Tag, an dem jeder seiner Mutter zur Hand geht und sie so tut, als mache ihr die Mehrarbeit nichts aus."*
>
> ANONYM

### Durch die Blume gesagt …
*Über ein Rosengesteck in Herzform wie oben freut sich jede Mutter! Originelle Idee: An der Serviette links wurde eine Rosenblüte in einem Kerzenhalter befestigt*

Über eine Einladung zum Muttertagskaffee freut sich jede Mutter natürlich ganz besonders. Einen besseren Anlass, in Romantik zu schwelgen, gibt es kaum – und so kommt heute reich verziertes Geschirr mit Goldeinfassung auf den Tisch. Es wird ergänzt durch fein ziselierte Schalen, Kerzenhalter und Tortenheber aus Silber. Das glänzende Metall verleiht dem Tisch die entsprechende Festlichkeit.
Rot und Rosé sind bei unserer Dekoration die vorherrschenden Farben, stehen sie doch für das tiefe Gefühl der (Mutter-)Liebe. Deshalb gehören unbedingt auch Rosenblüten oder Pfingstrosen in diesen Farbtönen als Blumenschmuck auf die Tafel. Eine Tischdecke Ton in Ton passt hervorragend dazu, aber auch ein blütenweißes Tuch wirkt sehr edel. Stoffe in zartem Grün frischen die Tafel etwas auf, passen durch ihren pastelligen Ton aber trotzdem wunderbar zum romantischen Ambiente.
Zum Kaffee wird für jeden Geschmack etwas gereicht. Und natürlich auf jeden Fall der Lieblingskuchen der Mutter! Frische Erdbeertörtchen oder Erdbeerschaum auf Rhabarberkompott stillen den kleinen Appetit nach Süßem, ein üppig verziertes Schokoladenkuchenherz und die prachtvolle Mut-

### Kleine Überraschung
*Eine exquisite Auswahl an köstlichen Pralinen oder ein Buch für ruhige Stunden, in Goldpapier verpackt, sind eine schöne Möglichkeit, um einmal „danke" zu sagen*

**Herzig**
*Mit einer feinen Torte lässt sich jedes Mutterherz erobern – vor allem, wenn Sie in liebevoller Vorbereitung auf den Tag ein kunstvolles Muster aus Kakaopulver und Puderzucker auf den Kuchen stäuben*

Muttertagstorte mit Vanille-Mascarpone-Creme

Erdbeerschaum auf
Rhabarberkompott

*"Von allen Müttern auf der Welt
ist keine, die mir so gefällt,
wie meine Mutter, wenn sie lacht,
mich ansieht oder gar nichts macht."*

ROSEMARIE NEIE

Schokoherz
mit Rose

**Zum Kaffee-
kränzchen**
*wird auf einer
Spitzendecke das
gute Geschirr der
Großmutter, mit
Rosenbordüre und
Goldverzierung,
eingedeckt. In einer
Silberschale finden
sich die gleichen
Bonbons, die einem
schon als Kind so
geschmeckt haben!*

tertagstorte sind für wahre Genießer gedacht und zeigen: Dieser Tag ist, wie die Mutter, etwas ganz Besonderes. Kuchen in Herzform vermitteln schon beim ersten Blick auf die Kuchentafel, mit wie viel Liebe hier gebacken wurde.

Nach Kaffee und Gebäck ist dann sicher noch Zeit für ein perlendes Glas Sekt oder Champagner, bei dem es sich herrlich in alten Zeiten schwelgen lässt: "Weißt du noch, als ich mir beim Rollerfahren beide Knie aufgeschrammt habe?", "Wie hießen noch die Nachbarn, bei denen wir immer Äpfel stibitzt haben?" Viele kleine Anekdoten und gemeinsame Erinnerungen schaffen bis in die Gegenwart ein Gefühl von enger Verbundenheit zwischen Mutter und Kind.

Auch in den Briefen, die Antoine de Saint-Exupéry aus aller Herren Länder an seine geliebte Mutter schrieb, nahm die Rückschau in seine Kindheit einen wichtigen Platz ein. 1921 lässt er einen Brief aus Rabat an sie mit folgenden Worten enden: "Ich umarme dich so zärtlich wie damals, als ich ein ganz kleiner Junge war, der ein grünes Stühlchen mit sich herumschleppte …"

**Süße Genüsse**
*Ob ein gehaltvoller Schokoladenkuchen mit üppiger Verzierung oder zarter Erdbeer-
schaum mit Rhabarberkompott – heute darf Mami einfach mal ausgiebig genießen!*

# Süße Rezepte

### ERDBEERTÖRTCHEN

*Zutaten für 4 Personen: 4 fertige Törtchenböden vom Konditor, 200 ml Sahne, 1 Pck. Sahnesteif, ca. 16 große Erdbeeren, gehackte Pistazien zum Bestreuen. Außerdem bei Belieben etwas Tortenguss.*

Zubereitung: Erdbeeren waschen und putzen. Gut abtropfen lassen. Sahne sehr steif schlagen, zwei Drittel auf die Törtchen streichen. Erdbeeren darauf verteilen. Mit einer Spritztülle den Rest Sahne aufsetzen. Mit gehackten Pistazien bestreuen. Frisch servieren!

### MUTTERTAGSTORTE MIT VANILLE-MASCARPONE-CREME

*Zutaten für 1 Herzbackform von 28 cm Länge oder eine Springform von 26 cm: Für den Teig: 6 Eigelb, 6 Eiweiß, 180 g Zucker, 1 Pck. Vanillezucker, 80 g Mehl, 60 g Speisestärke, 60 g Kakaopulver, 2 TL Instant-Kaffeepulver, Fett für die Form.*

*Zum Füllen und Verzieren: 1 Vanilleschote, 350 ml Milch, 1 Pck. Vanille-Puddingpulver für 500 ml Milch, 40 g Zucker, 1 Pck. Vanillezucker, 250 g Mascarpone, 2 cl Orangenlikör, 4 EL Orangenmarmelade, 50 g Mandelblättchen, Puderzucker, Kakaopulver zum Bestäuben.*

Zubereitung: Eigelb mit Hälfte des Zuckers und Vanillezucker schaumig rühren. Eiweiß steif schlagen, dabei restlichen Zucker einrieseln lassen. Unter Eigelbmasse heben. Mehl mit Speisestärke und Kakao über Eimasse sieben, Kaffeepulver zugeben, alles unter die Masse heben. Teig in am Boden gefetteter Form glatt streichen, auf mittlerer Schiene im vorgeheizten Ofen bei 175 Grad 25–30 Min. backen. Herausnehmen, leicht abkühlen lassen, vorsichtig mit Messer vom Rand der Form lösen. Auf Kuchengitter mind. 2 Std. ruhen lassen. Vanilleschote längs aufschneiden, Mark ausschaben. Mit 300 ml Milch aufkochen. Übrige Milch mit Puddingpulver, Zucker und Vanillezucker glatt rühren. In die kochende Milch geben, aufkochen. Mascarpone und Likör unterrühren, abkühlen lassen. Marmelade erwärmen. Kuchen zweimal waagerecht durchschneiden. Untere Hälfte mit 1–2 EL Marmelade bestreichen, zweiten Boden auflegen. Vanillecreme darauf streichen, mit drittem Boden bedecken. 2 Std. kalt stellen. Mandeln in Pfanne ohne Fett anrösten. Kuchenrand mit übriger Marmelade bestreichen, mit Mandeln bestreuen. Kuchen mit Puderzucker bestäuben, per Schablone mit Kakaopulver Muster aufstäuben.

### ERDBEERSCHAUM AUF RHABARBERKOMPOTT

*Zutaten für 4 Personen: 2 Vanilleschoten, 300 g Rhabarber, 125 ml Weißwein, 125 ml Apfelsaft, 200 g Zucker, 1 kleine Zimtstange, 1 Sternanis, 200 g Erdbeeren, 4 Blatt weiße Gelatine, 200 g Sahne, 200 g Quark, 4 EL Zitronensaft, 2 TL abger. Zitronenschale.*

Zubereitung: Vanilleschoten längs aufschlitzen, Mark herausschaben. Rhabarber waschen, schälen, und in ca. 4 cm lange Stücke schneiden. Rhabarberschale mit Weißwein, Apfelsaft, 150 g Zucker, Zimtstange, Sternanis, beiden Vanilleschoten und der Hälfte vom Vanillemark in einen Topf geben. Ca. 20 Min. köcheln lassen, durch ein Sieb in zweiten Topf umgießen. Rhabarberstückchen zugeben, einige Min. bei schwacher Hitze garen, bis der Rhabarber weich ist, aber nicht zerfällt. Vom Herd nehmen und abkühlen lassen. Erdbeeren putzen, waschen und pürieren. Gelatine in kaltem Wasser einweichen. Sahne steif schlagen, mit Püree und Quark verrühren. Zitronensaft und -schale mit restlichem Zucker und übrigem Vanillemark kurz aufkochen. Zucker auflösen lassen, dann vom Herd ziehen, etwas abkühlen lassen. Gelatine ausdrücken, im warmen Zitronensud auflösen. 2–3 EL der Erdbeercreme mit der Zitronen-Gelatine verrühren, dann gut mit übriger Erdbeercreme verrühren. In 4 kleine Förmchen füllen und für 3–4 Std. zugedeckt kühlen. Zum Servieren Förmchen kurz in heißes Wasser stellen, auf Teller stürzen, mit dem Kompott anrichten, mit Biskuits garnieren.

### SCHOKOHERZ MIT ROSE

*Zutaten für 1 mittelgroße Herzbackform: 225 g weiche Butter, 225 g Zucker, 4 Eier, 225 g Mehl, 4 EL Kakaopulver, 4 EL heißes Wasser, 2 TL Backpulver. Für die Dekoration: Kuvertüre, silberne Zuckerperlen, Blatt und Blüte aus Schokolade oder Marzipan, etwas Kakao zum Bestäuben.*

Zubereitung: Ofen auf 180 Grad vorheizen. Form gut buttern und mit Mehl bestäuben. Kakaopulver in heißem Wasser auflösen. Alle Zutaten mit dem Handrührgerät zu glattem Teig verarbeiten. Diesen sogleich in die Form füllen und etwa 25 Min. backen. Aus dem Ofen nehmen, einige Min. abkühlen lassen. Aus der Form lösen, auf Kuchengitter auskühlen lassen. Mit Kuvertüre bestreichen, mit Perlen, Blatt und Blüte verzieren, mit Kakaopulver bestäuben. Sie können auch mehrere kleine Herzen backen!

**Die Farben der Saison**
*Heute trägt der Spargel mediterranes Grün – und schmiegt sich an Schneeball, blühenden Salbei, Rosmarin und wilde Gräser für ein appetitanregendes Stillleben*

# Liebling
## im Grünen

Um dem Spargel die Ehre zu erweisen, widmen wir ihm heute ein romantisches Diner im Garten – Vorhang auf für den König der Gemüse!

### Salat mit grünem Spargel

**Salatkrönung**
*Wilder Spargel ist grün und schlank und erinnert beinahe an wildes Getreide. In Italien und Frankreich ist er groß in Mode und sein herbes Aroma kommt in würzigen Salaten fein zur Geltung*

## Hülsenfrüchtesalat mit grünem Spargel

### Tafelfreuden
*Den Pharaonen soll der Spargel schon vor 5000 Jahren als Delikatesse serviert worden sein. Wandmalereien aus dieser Zeit zeigen seine wilde Form. Heute kennen wir zahlreiche Variationen und Sorten, ein besonderes Gemüse ist der Spargel bis heute*

Grün und Weiß sind die schönsten Farben im Wonnemonat Mai – Grün und Weiß sind auch die Tafelfreuden, bei denen unser liebstes Frühlingsgemüse, der Spargel, heute die Starrolle spielt. Schwärmerische Zeitgenossen behaupten, er sei „Frühlingsluft in Stangen", und wie zum Beweis kuschelt sich das Edelgemüse auf unserer Gartentafel in einem appetitanregenden Strauß aus Schneeball, blühendem Salbei, Rosmarin und wilden Gräsern. Es ist beinahe so, als möchten die grünen Spitzen rufen „Seht her, was aus uns alles werden kann!" Dabei haben sie es gar nicht nötig, ihre Vielseitigkeit zu beweisen. Schon Ludwig XIV., der Sonnenkönig, war den delikaten Stangen verfallen. Und wer sie am Hof von Versailles mit zwei Fingern essen konnte, ohne sich zu bekleckern, zählte zur feinen Gesellschaft. Feinschmecker heutzutage greifen lieber schnell zu Messer und Gabel, denn die Küchenmeister überschlagen sich bis zum Johannistag beinahe im Offerieren Ihrer köstlichsten Kreationen.

### Diva im Gemüsebeet
*Im 17. Jahrhundert war nur der grüne Spargel bekannt. An Fürsten- und Königshöfen galt er als geschätztes Gemüse für die höchsten Kreise*

Spargel-Lachs-Rolle

**KLEINE SPARGELETIKETTE**

Ganz Ungeduldige möchten den Spargel gleich mit den Fingern naschen, seine zarten Köpfchen in die Vinaigrette stippen und einfach nur genießen. Und tatsächlich galt es in früheren Zeiten auch unter Genießern mit guter Kinderstube als schicklich, den Spargel unzerkleinert mit den Händen zum Mund zu führen

**Spargelhochzeit**
*In Deutschland trägt der Lieblingsspargel Cremeweiß, in mediterranen Ländern hingegen ist er meistens grün – doch lassen sich die beiden auf köstliche Art verbinden, zum Beispiel als Lachsröllchen mit Kräuterpüree*

Spargel mit Kräuterquark

### Spargel mediterran
*Unsere südlichen Nachbarn lieben das etwas würzigere Aroma des grünen Spargels, der an der Sonne wächst und darum deutlich mehr Vitamine vorweisen kann als der vornehm bleiche weiße Spargel, der bis zur Ernte in der schützenden Erde bleibt*

## Lachs-Spargel-Quiche

Wir haben einige klassische und einige überraschende Variationen für Sie zusammengestellt: zweifarbige Spargelröllchen mit Lachs, eine „Wagenrad"-Spargelquiche mit Rucola, bunte Salate mit jungem Gemüse und Frühlingskräuterquark. Und hinterher, wenn Ihnen der Sinn nach etwas Süßem steht, können Sie sich ein Dessert aus weißen Spargelstückchen und Erdbeeren zubereiten und in einer Soße aus Honig, Buttermilch und Zitronensaft marinieren. Es ist verblüffend, wie gut sich die beiden Frühsommerlieblinge ergänzen. Als Begleiter zum Spargelmenü bietet sich ein Wein an, der das Aroma des Edelgemüses unterstützt, beispielsweise ein Silvaner, dessen milde Säure ganz fabelhaft mit dem feinwürzigen Aroma des königlichen Gemüses harmoniert.

### Köstliche Vielfalt
*Da die Saison für erntefrischen Spargel nur wenige Wochen dauert, sollte man, so oft es geht, zugreifen und auch neue und ungewöhnliche Rezepte mit dem herrlich wandelbaren Gemüse ausprobieren!*

### Frisch kombiniert
*Grüner Spargel mit Zitronen-Estragon-Soße, wie Blüten in einem Glas arrangiert, ergibt eine kunstvolle und außergewöhnliche Vorspeise – köstliche Soßen sind des Spargels liebster Begleiter!*

# Rezepte

### SALAT MIT GRÜNEM SPARGEL
*Zutaten für 4 Personen:
1 kg Kartoffeln (festkochend),
1 kg grüner Spargel und Wildspargel gemischt, 5 EL Salatmayonnaise,
125 ml Gemüsefond, 8 hartgekochte Eier, Pfeffer aus der Mühle, Salz,
2 EL fein gehackte Petersilie.*

Zubereitung: Kartoffeln waschen. In reichlich Salzwasser mit der Schale kochen. Gut auskühlen lassen, dann mit der Schale in feine Scheiben schneiden. Gemüsefond mit der Mayonnaise mischen, mit Salz und Pfeffer würzen und über die Kartoffeln geben. Unterrühren und etwa 30 Min. ziehen lassen. Dann noch mal umrühren und nochmals abschmecken. Die Petersilie untermischen. Den Spargel waschen und putzen und in reichlich Salzwasser 8–9 Min. garen. Gut abtropfen lassen. Die Eier schälen und in Spalten schneiden. Den Spargel mit dem Kartoffelsalat und den Eiern auf einer großen Platte anrichten und sofort servieren. Nach Belieben mit Radieschen dekorieren.

### HÜLSENFRÜCHTESALAT MIT GRÜNEM SPARGEL
*Zutaten für 4 Personen:
250 g grüner Spargel, Salz,
250 g Zuckerschoten, 500 g Erbsenschoten, 300 g dicke Bohnen in der Hülse, 300 g durchwachsener Speck, in vier dicke Scheiben geschnitten, Petersilienzweige, Salz, Pfeffer aus der Mühle, gutes Olivenöl.*

Zubereitung: Spargel waschen, putzen und in reichlich Salzwasser 9 Min. garen. Abtropfen lassen. Zuckerschoten waschen und in reichlich Salzwasser 5 Min. garen und abtropfen lassen. Erbsen aus der Schote palen und in reichlich Salzwasser 5 Min. garen, abtropfen lassen. Bohnen enthülsen und in reichlich Salzwasser 6 Min. garen. Abtropfen lassen. Speck in Streifen schneiden und in einer großen Pfanne ohne Fett anbraten. Mit Salz und Pfeffer würzen. Erbsen, Bohnen, Spargel und Zuckerschoten mit 5 EL gutem Olivenöl beträufeln, mit Salz und Pfeffer etwas nachwürzen und gut mischen. Den Speck unterheben. Mit Petersilienzweigen garnieren und warm servieren. Dazu passen Bratkartoffeln.

### LACHS-SPARGEL-QUICHE
*Zutaten für 1 Torteform von 26 cm Ø:
1 Blätterteigboden, 250 g Sahne, 2 Eier,
250 g Räucherlachs, 2 EL Rucola, fein gehackt,
1 TL geriebener Meerrettich, Salz, Pfeffer aus der Mühle, 500 g grüner Spargel, Rucola zum Garnieren.*

Zubereitung: Räucherlachs fein hacken. Eine Torteform einfetten und mit dem Blätterteig auslegen. Den Rand oben so abschneiden, dass er nicht überlappt. Sahne und Eier miteinander verschlagen. Lachs mit dem Rucola unter die Eimasse heben. Mit Meerrettich, Salz und Pfeffer würzen. Den Backofen auf 200 Grad vorheizen. Den Spargel putzen und in reichlich Salzwasser etwa 8–9 Min. garen. Gut abtropfen lassen. Den Blätterteig etwas einstechen. Die Sahne-Lachs-Masse hineingeben und glatt streichen. Den Spargel strahlenförmig auf der Masse anrichten. Im heißen Backofen in 25–30 Min. goldbraun backen. Etwas auskühlen lassen, dann lauwarm mit Rucola garniert servieren.

### GRÜNER SPARGEL MIT KRÄUTERQUARK
*Zutaten für 4 Personen: 2 kg grüner Spargel, 3 TL Zitronensaft, Salz,
2 TL Mineralwasser mit Kohlensäure, 300 g Sahnequark, etwa eine Handvoll Bärlauch, Petersilie und Kresse, 2–3 EL geschlagene Sahne, Pfeffer aus der Mühle.*

Zubereitung: Den Spargel waschen, das untere Ende schälen, zu Paketen von je einem Pfund bündeln und dann in reichlich Salzwasser mit einem Spritzer Zitronensaft bissfest kochen. Währenddessen die Kräuter waschen, fein hacken und in Röllchen schneiden. Den Sahnequark mit Zitronensaft und Mineralwasser aufschlagen, die Kräuter unterrühren. Mit Salz und Pfeffer aus der Mühle abschmecken und die geschlagene Sahne unterheben. Nach Belieben mit Bärlauchblüten und Blättern dekoriert und mit dem grünen Spargel anrichten.

### SPARGEL-LACHS-ROLLE MIT KRÄUTERPÜREE
*Zutaten für 4 Personen:
750 g mehlig kochende Kartoffeln, Salz, 1 kg weißer Spargel,
1 kg grüner Spargel, 1 TL Zucker,
200 ml Vollmilch, 1 Bund Schnittlauch oder andere Frühlingskräuter,
200 g Räucherlachs.*

Zubereitung: Kartoffeln schälen, halbieren und in Salzwasser 20 Minuten kochen. Weißen Spargel schälen, Enden abschneiden, in Salzwasser mit Zucker ca. 10 Minuten garen, grünen Spargel zufügen. Weitere 8 Minuten garen. Milch erwärmen. Schnittlauch in Röllchen schneiden. Kartoffeln pürieren. Milch und Schnittlauch unterrühren. Spargel abtropfen lassen und portionsweise in Lachsscheiben einrollen. Spargel-Lachs-Rollen auf einer Platte anrichten. Kräuterpüree extra dazu reichen.

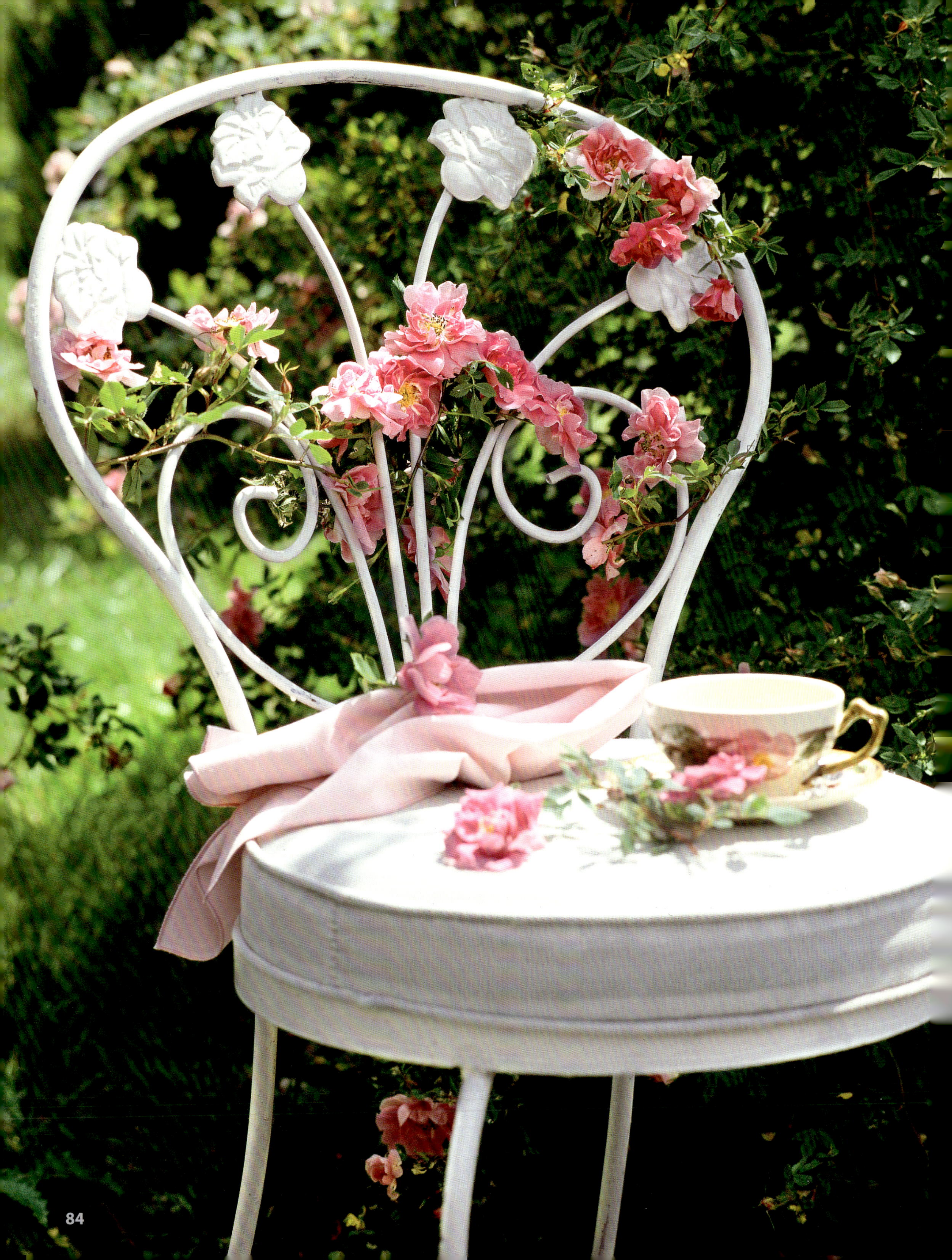

# Das schmeckt uns im
## *Juni*
### Rosen und Erdbeeren

| | |
|---|---|
| Rosen-Gebäck | 89 |
| Rosensorbet mit Blütenblättern | 89 |
| Schokomakronen | 89 |
| Rosensirup | 89 |
| Eierlikör mit Rosensirup | 89 |
| Rosenlikör | 91 |
| Plundergebäck mit Rosengelee | 91 |
| Beeren-Cheesecake | 91 |
| Herzwaffeln mit Erdbeercreme | 91 |
| Erdbeerbowle | 96 |
| Erdbeerkuchen | 96 |
| Erdbeeren auf Frischkäsecreme | 96 |
| Ziegenfrischkäse mit Erdbeersoße | 96 |
| Strawberry Shortcake | 96 |

Im Garten blühen
*wilde Rosen*

## Ein verträumter Nachmittag in Rosarot

**Romantisch verziert**

*Ein solider Boden aus Mürbteig, darauf ein zart gebräunter Kranz aus Mandelbaiser, der einen Spiegel aus Rosengelee umschließt, und als Krönung eine stolze Blüte – so einfach geht Zuckerbäckers Sommerkreation! Dahinter Plundergebäck mit Rosen-Marzipanfüllung*

### Rosen-Gebäck

**Süßes Leben**

*unter duftigen Rosensträuchern: Sind Naschkatzen anwesend, werden die reichhaltigen Makronen mit Rosenwasser-Schokoladencremefüllung sicher nicht lange in ihrem Serviettenbett in der Silberschale liegen*

### Schokomakronen

Die Wildrosensträucher im Garten haben beinahe über Nacht ihr neues Sommerkleid übergestreift. Üppige Blütenwolken in Rosé entfalten sich in der Sonne und schaffen eine Szenerie wie im Märchen. In solch einem Gartensalon möchte man stundenlang verweilen, mit den Freundinnen plauschen und die verwunschene Atmosphäre genießen. Entsprechend romantisch haben wir unsere Tafel heute gestaltet: Halbgefüllte Blüten tanzen leichtfüßig zwischen Tassen und Kannen und grüßen die kleine Kaffeegesellschaft. Ganz unkapriziöse Schönheiten sind es! Allerdings sollten Sie sich davor hüten, ihr Blütenkleid zu lüften – Sie könnten mit wehrhaften Dornen Bekanntschaft machen.

Vielleicht findet sich auch in Ihrem Schrank ein Geschirr mit Rosendekor? Die passenden Rezepte für einen Nachmittag im Blütenrausch haben wir auf diesen Seiten für Sie zusammengestellt. Eine Karaffe hausgemachter Eierlikör mit Rosensirup, ein erfrischendes Sorbet mit Blütenblättern für strahlende Frühsommertage, cremig frischen Beeren-Cheesecake, Erdbeerwaffeln mit Rosencreme, Rosengebäck und Schokomakronen mit einem Schuss Rosensirup werden Ihre Gäste garantiert zum Schwärmen bringen. Die Blütenschönheiten aus dem Garten offenbaren so verarbeitet in all diesen Köstlichkeiten einen Hauch ihres verführerischen Parfüms. Auch manche wilden Rosenarten besitzen einen mehr oder we-

## Tafelideen im Dornröschenlook

### Rosensirup

#### Gehaltvoll & köstlich

*Wird der hausgemachte Eierlikör mit einem Schuss Rosensirup veredelt, kommen bei dem geliebten Klassiker ganz neue Geschmacksnuancen ins Spiel. Im Kühlschrank hält sich der Likör etwa einen Monat, die Flasche vor dem Genuss schütteln!*

#### Elixier aus Rosen

*Die Blütenschönheit kann so viel mehr sein als Gartenzierde und Tafelschmuck – auch in kulinarischer Hinsicht ist sie ein „Naturtalent". Mit einer Flasche Rosensirup haben Sie immer ein aromareiches Elixier zur Hand, etwa für den Cocktail zum Aperitif oder für das Dessert nach einem sommerlichen Menü*

## Eierlikör mit Rosensirup

## Rosensorbet

niger starken Duft. Sie sind jedoch für Küchenkreationen in der Regel nicht so sehr geeignet. Mit ihren wildromantischen Kletterkunststücken in luftiger Höhe liefern sie dafür den spektakulären Rahmen für unsere Einladung.

Für die Rosenrezepte greifen wir auf Ihre duftenden Schwestern aus dem Beet zurück. Gut verarbeiten lassen sich viele der sogenannten alten oder historischen Rosen sowie Edelrosen mit intensivem Duft und Geschmack. Spekulieren Sie auf eine reiche Ernte und entdecken sie die Vielfalt der Sommerkönigin in der Küche, in dem Wissen, dass die Blüten im Gelee oder Sorbet auch wirklich unbehandelt sind, schließlich haben Sie die Pflanzen auf ihrem langen Weg zur Blütenschönheit begleitet. Mit ihrer kulinarischen Veredelung können Sie den Rosensommer auf wunderbare Weise konservieren.

Mit dem geräumigen Weidenkorb und scharfer Schere geht es am besten schon früh am Morgen, wenn noch Tautropfen an den Blütenblättern

# Rezepte

### ROSEN-GEBÄCK

*Zutaten für 8 Plätzchen:*
*Für den Mürbteig: 200 g Mehl,*
*1 Prise Salz, 75 g Zucker, 1 Ei,*
*125 kalte Butter. Für den Rosen-*
*Mandelteig: 250 g geriebene*
*Mandeln, 250 g Puderzucker, 4 EL*
*Rosenwasser (Apotheke), 4 Eiweiß,*
*3 EL Speisestärke, 8 TL Rosengelee.*
Zubereitung: Das Mehl auf die Arbeitsplatte sieben, Salz darüber streuen, in die Mitte den Zucker geben, eine Vertiefung hineindrücken und das Ei hineinschlagen. Butter in kleinen Stücke darauf setzen und alle Zutaten mit einem großen Messer gut durchhacken, anschließend mit den Händen zu einem Teig verkneten, zu einer Kugel formen und in Frischhaltefolie verpackt für eine Stunde kühl stellen. Den Backofen auf 180 Grad vorheizen, ein Backblech mit Backpapier auslegen. Teig auf einer bemehlten Arbeitsfläche dünn ausrollen und mit einer kleinen Tarteform oder einer Tasse Kreise ausstechen, auf das Backblech legen, jedes Plätzchen mit einer Gabel einstechen und 8 ca. Minuten backen, herausnehmen, abkühlen lassen. Die geriebenen Mandeln mit der Speisestärke vermischen. Die Eiweiße mit dem Rosenwasser steif schlagen und dabei den Puderzucker langsam einrieseln lassen. Die Mandelmischung löffelweise unter den Eischnee heben und ringförmig auf die vorgebackenen Mürbteigplätzchen spritzen. Die Plätzchen wieder in den Ofen schieben und in einer guten Stunde bei niedriger Temperatur mehr trocknen als backen, ggf. zum Bräunen für wenige Minuten den Backofengrill anstellen. Nach dem Backen in die Mitte einen Löffel Rosengelee geben. Als Krönung mit einer Blüte dekorieren.

### SCHOKOMAKRONEN

*Zutaten: 4 Eiweiß, 150 g Zucker,*
*50 g gemahlene Mandeln,*
*1 Päckchen Vanillezucker,*
*1 EL Kakao. Für die Füllung:*
*100 g Butter, 50 g Puderzucker,*
*2 Eigelb, 50 g Vollmilchkuvertüre,*
*2 EL Rosenwasser.*
Zubereitung: Die 4 Eiweiß steif schlagen und den Zucker dabei nach und nach einrieseln lassen. Mandeln, Vanillezucker und Kakao mischen und unterheben. Ein Backblech mit Backpapier auslegen. Den Teig in eine größere Lochtülle füllen und damit Tupfen von etwa 2 cm Durchmesser auf das Backblech spritzen. Plätzchen im Backofen bei 75 Grad etwa 2 Std. trocknen lassen, dabei die Backofentür etwas geöffnet lassen. Für die Füllung die Butter cremig rühren. Den Puderzucker sieben und mit Eigelb unter die Butter rühren. Kuvertüre im warmen Wasserbad schmelzen, das Rosenwasser unterrühren und alles zusammen cremig schlagen. Jeweils 2 Eischneeplätzchen mit der Creme zusammensetzen.

### ROSENSIRUP

*Etwa 150 g unbehandelte Duft-*
*rosenblätter, 1 Liter Wasser, Saft*
*von 2 Zitronen, 1 kg Rohrzucker.*
Zubereitung: Die Rosenblätter mit Wasser und Zitronensaft aufkochen und zugedeckt etwa eine halbe Stunde ziehen lassen, abseihen und mit dem Rohrzucker noch einmal 30 Min. dick einkochen lassen und in Flaschen abfüllen.

### ROSENSORBET MIT BLÜTENBLÄTTERN

*Zutaten für 10–12 Personen:*
*180 g Rosensirup, 4 cl Rosenlikör*
*1 Flasche Rosé-Sekt, Rosenblüten-*
*blätter von ungespritzten Rosen.*
Zubereitung: Rosensirup und -likör miteinander verrühren, Rosé-Sekt angießen. Nach Belieben kleingeschnittene Rosenblütenblätter einrühren. In einem möglichst flachen Gefäß in das Tiefkühlfach stellen. Wenn die Flüssigkeit am Rand zu frieren beginnt, mit einem Löffel durchrühren und, je nach dem wie fein die Körnung sein soll, diesen Vorgang mehrmals wiederholen. Die gefrorene Schicht mit einem Löffel abschaben und in Gläser füllen.

### EIERLIKÖR MIT ROSENSIRUP

*Zutaten: 6 frische Eigelb,*
*150 ml Rosensirup, 150 ml Sahne,*
*400 ml Milch, 1/4 l Cognac.*
Zubereitung: Eigelbe mit Rosensirup in eine Metallschüssel geben und verrühren. Die Sahne und Milch hinzufügen und über einem heißen Wasserbad mit dem Handmixer dicklich cremig aufschlagen. Cognac nach und nach unterrühren. Die Eiercreme abkühlen lassen und in Flaschen abfüllen. Gekühlt und dunkel aufbewahrt, hält sich der Eierlikör etwa ein Monat.

*Blütengrüße zum Kaffee mit Gartenfreundinnen*

## Herzwaffeln mit Erdbeercreme

**Fruchtige Kreationen**
*In die Erdbeersahne für die Waffeln kommt ein Schuss Rosensirup, die Himbeercreme im Beeren-Cheesecake ist mit duftendem Rosenzucker aufgeschlagen – schöner kann sich Verwandtschaft aus der Familie der Rosengewächse kaum ergänzen!*

*Beeren-Cheseecake*

hängen, hinaus zu den Rosensträuchern. Bei der Arbeit im Reich der Rosen wird Schönheit Ihre Seele streicheln und die Gedanken auf Reisen schicken. So können Sie sich ganz wie eine Romanheldin von Jane Austin im südenglischen Gartenparadies fühlen und die ländliche Szenerie genießen, wenn zarter Blütenduft Erinnerungen an romantische Begebenheiten weckt. Vergessen Sie den Sonnenhut nicht! Von Ende Mai bis in den September hinein können Sie frische Rosenblätter für Küchenkreationen sammeln und so Duft und Farbe der Blütenschönheiten konservieren. Achten Sie dabei auf Insekten, die sich zuweilen gerne zwischen den Blütenblättern verstecken. Für süße Rezepte ist der Blütenboden oft zu bitter, schneiden Sie ihn einfach mit der Schere ab. Dann vorsichtig mit kaltem Wasser abspülen und trockentupfen, so bewahren Sie den duftigen Charakter der Blüten.

# Rezepte

### ROSENLIKÖR

*Zutaten für ca. 2 Flaschen:
0,5 l halbtrockener Weißwein, 300 g brauner Zucker, 180 g unbehandelte Duftrosenblätter, 1 Vanilleschote, 1 Flasche milder Cognac.*

Zubereitung: Die Rosenblätter vom Blattansatz befreien. Den Weißwein zusammen mit dem Zucker in einem großen Topf erwärmen. Die Rosenblätter in eine große dickbauchige Flasche füllen und mit der heißen Weinlösung übergießen. Die Vanilleschote aufschlitzen und etwas auskratzen, Vanille und Schote in den Sud geben. Erkalten lassen, dann den Cognac dazugeben und die Flasche gut verschließen. 14 Tage an einem dunklen Ort durchziehen lassen, dann abseihen und in dekorative Flaschen abfüllen.

### BEEREN-CHEESECAKE

*Zutaten für eine Springform von 24 cm ø: Für den Teig: 100 g Butter, 50 g Zucker, 175 g Mehl.
Für die Creme: 7 Blatt Gelatine, 750 g Sahnequark, 250 g Frischkäse, 125 g Rosenzucker, 4 EL Zitronensaft, 375 g Himbeeren, 150 g rote Johannisbeeren.*

Zubereitung: Den Backofen auf 175 Grad vorheizen. Butter, Zucker und Mehl verkneten. Teig auf den Boden einer gefetteten Springform gleichmäßig verteilen und andrücken, ca. 25 Minuten backen und anschließend in der Form auskühlen lassen. Gelatine in kaltem Wasser einweichen. Quark, Frischkäse, Rosenzucker und Zitronensaft verrühren. Gelatine aus dem Wasser nehmen, tropfnass in einen Topf geben und bei geringer Hitze unter Rühren auflösen. 2 EL der Quarkmasse unter die Gelatine rühren und sie dann unter die restliche Quarkmasse ziehen. Auf den Tortenboden geben. Einige schöne Himbeeren und Johannisbeeren für die Dekoration beiseite legen, die restlichen in die Quarkmasse drücken. Den Kuchen über Nacht kalt stellen und mit den Beeren belegt servieren.

### PLUNDERGEBÄCK MIT ROSENGELEE

*Zutaten: 500 g Mehl, 1 Würfel Hefe, 100 ml lauwarme Milch, 250 g Butter, 1 Ei, 5 EL Zucker, 1 Prise Salz, 1/8 l Milch, 200 g Marzipanrohmasse, 100 g Rosengelee, Puderzucker zum Bestäuben.*

Zubereitung: Hefe mit 1 TL Zucker und lauwarmer Milch glattrühren, 15 Min. gehen lassen. Dann mit Mehl, 50 g weicher Butter, dem Ei, restlichem Zucker, Salz und soviel Milch wie nötig zu einem festen Hefeteig verkneten. Sofort auf einer bemehlten Arbeitsfläche zu einer großen Platte ausrollen. Ein Drittel der restlichen weichen Butter in Flöckchen gleichmäßig über einer Teighälfte verteilen, so dass ein Rand frei bleibt. Die zweite Teighälfte darüberklappen und alles wieder zu einer großen Teigplatte ausrollen. Die Hälfte der restlichen Butter wieder in Flöckchen auf der einen Teighälfte verteilen, die zweite Hälfte darüberklappen und nochmals ausrollen. Mit der restlichen Butter genauso verfahren. Den Teig als halbe Platte für 30 Min. in den Kühlschrank legen. Danach wieder zu einer großen Platte ausrollen und mit einem Messer in kleine Rechtecke schneiden. Bei der Hälfte der Teigrechtecke in die Mitte etwas Rosengelee und Marzipanrohmasse setzen, dann jeweils ein unbelegtes Rechteck daraufsetzen. Im vorgeheizten Backofen bei 200 Grad etwa 20 bis 25 Min. backen. Mit Puderzucker bestäuben.

### HERZWAFFELN MIT ERDBEERCREME

*Zutaten für 4–6 Personen:
150 g weiche Butter, 150 g Zucker, 4 Eier, 250 g Mehl, 1 TL Backpulver, 1 TL Zimt, 4 EL Kokosraspeln, etwas Apfelsaft, Öl für das Waffeleisen.
Für die Garnitur:
200 g Schlagsahne, 3 EL Rosensirup, 100 g Erdbeeren, Puderzucker zum Bestäuben.*

Zubereitung: Für die Waffeln Butter mit dem Zucker schaumig rühren. Nach und nach die Eier unterrühren, bis eine glatte, luftige Masse entstanden ist. Mehl, Backpulver, Zimt und Kokosraspeln zugeben. Alles mit den Knethaken des elektrischen Handrührgeräts verrühren. Falls der Teig zu fest ist, etwas Apfelsaft einrühren. Waffeleisen vorheizen, mit Öl bestreichen und die Waffeln darin goldgelb backen. Fertige Waffeln im Backofen bei 70 Grad warm halten. Sahne mit Rosensirup steif schlagen. 2/3 der Erdbeeren pürieren und unterheben. Übrige Erdbeeren in Scheiben schneiden. Je 2 Waffeln mit Erdbeersahne und Erdbeerscheiben zusammensetzen und mit etwas Puderzucker bestäubt servieren.

# Sommerliebling *Erdbeere*

**Zum Schlemmen**
*Erdbeertorte und -bowle gehören zu den Klassikern auf jedem Gartefest. Und vergessen Sie einige frische Beeren nicht! Sie können sie ja wie Richard Gere in „Pretty Woman" zu Champagner reichen, denn „sie verstärken seinen feinen Geschmack"*

Erdbeerbowle

Erdbeerkuchen

*„Gott im Himmel, welche Wohltat für unsern Gaumen und Zunge!",
schwärmte ein Zeitgenosse 1805 über die sensationell
großen Früchte der Chile-Erdbeere*

Strawberry Shortcake

**Zum Verschenken**
*Ein geschenkter Erdbeertopf wurde schon so manches Mal zum Beginn einer wunderbaren Freundschaft! Denn manchmal braucht es nur einen kleinen Ansporn, und aus einem Topf wird eine Erdbeerplantage am Gemüsebeet. Die beigelegten Früchte machen Lust auf mehr!*

**Prachtstücke**
*Behutsam schiebt man die festen Blätter der Staude zur Seite und da hängen sie: leuchtend rote Erdbeeren, die nur darauf warten, gepflückt zu werden. Die mit den grün-weißen Spitzen sollte man auf jeden Fall hängen lassen, denn sie reifen nur schlecht nach*

**Ist der Juni nicht wunderbar? Der Garten steht in voller Blüte und im Beet reifen die süßesten Früchte der Saison. Greifen Sie zu!**

Seit gestern liegt ein ganz besonderer Duft in der Luft, wenn ich den Feldweg zur Arbeit entlangradle: der von heranreifenden Erdbeeren. Er weht von der großen Plantage herüber, die es dort seit einigen Jahren gibt.
Schon der große Staudengärtner Karl Foerster reihte die Erdbeere in seine Liste der „Wanderdufter" ein. Das Schönste an der Sommerfrucht ist, dass ihr Geschmack hält, was der Duft verspricht. Verführerisch zergeht das weiche Fruchtfleisch auf der Zunge, seine Süße ist einfach himmlisch. Kaum zu glauben, dass die Erdbeere nur 37 kcal pro 100 g enthält! Bemerkenswert hoch ist dafür ihr Vitamin-C-Gehalt, der sogar den der Orange übertrifft. Eisen, Kalium, Folsäure und Fruchtsäuren vervollständigen die Aufzählung wertvoller Inhaltsstoffe. – Wie beruhigend zu wissen, dass man beim Schlemmen seinem Körper auch noch Gutes tun kann! Da darf es auch mal der Klecks Sahne sein, mit dem man die „Königin der Beerenfrüchte" gerne zusätzlich adelt...

Erdbeeren auf Frischkäsecreme

**Reiche Ernte für Balkongärtner** verspricht der hohe Terrakottatopf, in dem sich die langen früchtetragenden Stiele richtig „hängen lassen" können. Für die Topfkultur empfehlen sich die mehrmalstragenden Monatserdbeeren – so gibt's von Juni bis Oktober etwas zu Naschen

*Mancherorts kennt man Erdbeeren auch als „Speise der Seligen". Zu Recht, denn sie schmecken nicht nur, sondern enthalten überaus gesunde Vitamine und Mineralstoffe*

**Walderdbeeren, frisch geerntet** *Die kleinen Verwandten der stolzen Gartenerdbeere haben es in sich: viel Aroma, das sie auf weichem Waldboden, beschienen von sanft gefiltertem Sonnenlicht, sammeln konnten. Man entdeckt sie auf Lichtungen und am Wegesrand*

Ihr einziger Nachteil ist im Grunde genommen auch ein Vorteil: Viel länger als zwei Tage sind die empfindlichen Früchte nicht lagerfähig. Also macht man sich am besten umgehend ans Zubereiten von Köstlichkeiten wie Erdbeerkuchen, Erdbeermilch oder Erdbeermarmelade. Mich wird heute jedenfalls noch ganz sicher ein Abstecher zum Erdbeerfeld führen. Ein Rezept für eine Marinade aus Aceto balsamico, Apfelsaft und Zucker wartet darauf, zu den Beeren und Eis kredenzt zu werden …

Ziegenfrischkäse mit Erdbeersoße

# Rezepte

### ERDBEERBOWLE

*Zutaten für 6 Personen:
750 g Erdbeeren, 1 Zitrone, etwas Zitronenmelisse, 1 Flasche gekühltes Mineralwasser mit Kohlensäure, 100 g Zucker, 1 Flasche gekühlter Weißwein, 1 Flascher gekühlter Prosecco, 1 Glas Campari Rosso.*

Zubereitung: Die Zitrone heiß abwaschen, abtrocknen und mit einem Zestenreißer feine Streifen von der Schale abschneiden und in das Bowlengefäß geben. Die Zitrone gut auspressen und den Saft über die Zitronenstreifen gießen. Die Erdbeeren waschen, putzen und je nach Größe halbieren und mit dem Zitronensaft vermengen. Die Beeren mit dem Zucker bestreuen und gut umrühren, dann Campari und Weißwein darübergießen. Alles gut durchrühren. Zitronenmelisse unter warmem Wasser abbrausen, klein zupfen und in die Bowle geben. Abgedeckt etwa 30 Minuten im Kühlschrank durchziehen lassen. Kurz vor dem Servieren den Prosecco und das Mineralwasser angießen.

### ERDBEERKUCHEN

*Zutaten für einen Kuchen von 26 cm Ø: Für den Biskuitboden: 3 Eier, 100 g Zucker, etwas lauwarmes Wasser, 1 Prise Salz, je 75 g Mehl und Speisestärke, 1 gestr. TL Backpulver, Fett und Mehl für die Form. 750 g Erdbeeren, 1 Päckchen Tortenguss (rot), 50 g Mandelblättchen, 100 g Vanillepudding*

Zubereitung: Die Springform am Boden fetten und mit Mehl ausstäuben. Den Backofen auf 175 Grad vorheizen. Die Eier trennen. Die Eigelbe mit dem Zucker und zwei Esslöffeln warmem Wasser erst auf kleinster, dann auf höchster Stufe schlagen, bis sich eine feste, helle Creme gebildet hat. Die Eiweiße mit einer Prise Salz mit einem Handrührgerät auf höchster Stufe zu einem festen Schnee schlagen. Das Mehl mit der Speisestärke und dem Backpulver vermischen, über den Eischnee sieben und sorgfältig unterheben. Die Eigelbcreme unterziehen. Die Masse in die vorbereitete Springform füllen und glattstreichen. Im vorgeheizten Backofen etwa 30 Min. goldgelb backen. Die Form aus dem Ofen nehmen, etwas abkühlen lassen und den Rand rundherum mit einem Messer lösen. Auf eine Kuchenplatte legen. Die Erdbeeren waschen, putzen und bei Bedarf halbieren. Den Vanillepudding auf den Tortenboden verteilen. Die Erdbeeren spiralförmig darauf legen. Den Tortenguss nach Packungsanweisung zubereiten, leicht abkühlen lassen und über die Erdbeeren verteilen. Den Rand mit Mandelblättchen verzieren. Den Erdbeerkuchen vor dem Servieren 20 Min. kühl stellen.

### ERDBEEREN AUF FRISCHKÄSECREME

*Zutaten für 8 Portionen: 300 g Frischkäse, 200 g Magerquark, 2 TL abgeriebene Zitronenschale, 2 EL Zitronensaft, 1 EL flüssiger Honig, 4 EL gehackte Walnusskerne, 400 g Erdbeeren, 1 EL Rohrzucker, Zitronenzesten und Zitronenmelisse zum Garnieren.*

Zubereitung: Frischkäse mit Quark, der Zitronenschale, 1 EL Zitronensaft und Honig verrühren und die Walnusskerne unterheben. Erdbeeren verlesen und mit Zucker und restlichem Zitronensaft mischen. Frischkäsecreme und Erdbeeren in Gläsern anrichten und mit Zitronenzesten und Zitronemelisse garniert servieren.

### ZIEGENFRISCHKÄSE MIT ERDBEERSOSSE

*Zutaten für 4 Personen: 4 kleine Ziegenfrischkäse. Für die Erdbeersoße: 500 g Erdbeeren, 2 EL Zitronensaft, 70 g Puderzucker.*

Zubereitung: Die Beeren putzen, mit Zitronensaft in einem Topf erhitzen und etwas zusammenfallen lassen, durch ein Sieb streichen, mit Puderzucker mischen und abkühlen lassen. Ziegenfrischkäse mit Erdbeersoße auf Teller anrichten.

### STRAWBERRY SHORTCAKE

*Zutaten für ca. 30 Shortcakes: 300 g weiche Butter, 150 g Zucker, 2 Prisen Salz, 400 g Mehl, 1 TL Backpulver. Außerdem: 400 g Erdbeeren, 2 EL Zucker, 200 g Sahne.*

Zubereitung: Die weiche Butter mit Zucker und Salz schaumig rühren. Mehl in die Buttermasse sieben, Backpulver zugeben und alles rasch zu einem Teig verkneten. Zur Kugel geformt eine Stunde im Kühlschrank ruhen lassen. Backofen auf 190 Grad vorheizen, Backblech mit Papier auslegen. Teig 11/2 cm dick ausrollen und runde Plätzchen mit ca. 6–7 cm Ø ausstechen. Plätzchen auf das vorbereitete Backblech setzen und im vorgeheizten Backofen bei 175 Grad ca. 15–20 Min. backen, herausnehmen und abkühlen lassen. Erdbeeren waschen, putzen, in Scheiben schneiden, in eine weite Schüssel geben und mit Zucker bestreuen. Sahne steif schlagen. Zum Servieren Shortcakes halbieren, mit Erdbeeren und Sahne auf Tellern anrichten.

# Das schmeckt uns im
# Juli
### Sommerliche Tafelfreuden

Kalte Gurken-Joghurt-Suppe .................................................. 100
Kalte Gurkensuppe mit Shrimps ............................................. 101
Himbeersuppe mit frischer Minze .......................................... 102
Melonensuppe in halber Netzmelone ..................................... 103
Kalte Bohnen-Erbsen-Suppe .................................................. 103
Kefirkaltschale mit Basilikum und Rettich .............................. 103
Eisgekühlte Gazpacho ............................................................. 103
Kalte Möhrensuppe ................................................................ 103
Kräuter-Oliven-Brot mit Ziegenkäse ...................................... 107
Tarte mit Olivenöl und Thymian ............................................ 107
Pesto ........................................................................................ 107
Yufkateigtaschen mit Schafskäse ........................................... 107
Grüne Olivenpaste .................................................................. 107
Himbeer-Eistee mit frischer Minze ........................................ 111
Frischer Kiwisaft .................................................................... 111
Holunderbeersaft .................................................................... 111
Sommerdrink mit Beeren ....................................................... 112
Erdbeer-Holunder-Drink ........................................................ 112
Beeren-Smoothie .................................................................... 112
Melonen-Grapefruit-Saft ........................................................ 112

Kalte Bohnen-Erbsen-Suppe

# Eisgekühlt &
# *köstlich*

## Zum Löffeln ... Eine Schüssel voll Glückseligkeit

**JUNGES GEMÜSE IM ÜBERFLUSS**

In den heißen Sommermonaten avancieren Tomaten, Gurken, Beeren und Melonen zu Lieblingszutaten, denn durch ihren hohen Wasseranteil gelingen frische und leichte Suppen, die herrlich aromatisch schmecken, da sie kaum mehr mit weiterer Flüssigkeit „gestreckt" werden müssen. Den krönenden Abschluss bilden die passenden Früchte- oder Gemüsestreifen, ein Klacks Crème fraîche und Kräuter, die „wie zufällig" über die Suppe gestreut sind.

**Kefirkaltschale mit Basilikum und Rettich**

**Eisgekühlte Gazpacho**

Gurke, Erbse und die lange Frau Rettich eröffnen ihren erfrischenden Angriff auf unsere Geschmacksnerven. Und empfehlen sich als leichtes Hauptgericht in der Suppentasse, aromatisch, gesund und ideal für den Sommer. Eine Suppe, mit der man es sich an heißen Tagen im Schatten gemütlich machen kann. Das ist ihre Bestimmung, denn die Mutter aller kalten Suppen, die Gazpacho, kommt aus Spanien, genauer gesagt aus Andalusien. Sie vereint die köstlichsten Variationen von Gemüse aus dem Sommergarten – und bewahrt noch dazu ihre appetitliche Farbe und wertvolle Inhaltsstoffe. Ansonsten kann sie, je nachdem was gerade reif aus dem Garten kommt, nach Geschmack immer wieder vorteilhaft variiert werden. So kommt Abwechslung auf den sommerlichen Speisezettel… und wenn die Qualität der Zutaten stimmt, dann kann bei dieser herrlich frischen Komposition eigentlich nichts schiefgehen.

## AMPELPRINZIP

Verschiedene Methoden helfen dabei, die Würze des Sommers aromafrisch zu bewahren. Trocknen: Geeignet sind Lavendel, Oregano, Minze, Rosmarin, Salbei und Thymian. Hängen Sie lockere Zweigbündel kopfüber an einem luftigen, warmen, schattigen Ort auf. Nach 2–3 Wochen die Blättchen abstreifen und in einer Dose dunkel aufbewahren. Einfrieren: Basilikum behält sein Aroma, wenn Sie die Blätter einzeln auf einem Backblech ausbreiten und vorfrosten. Danach portionsweise in Gefrierboxen abfüllen. Einlegen: Geben Sie 4–6 beliebige Kräuterstiele in 1 Liter Essig oder Öl. Den Ansatz 3 Wochen an einem hellen Ort durchziehen lassen. Danach abseihen und abfüllen.

*Die aromatische Erfrischung mit Kräutern im Glas*

Kalte Möhrensuppe

Kalte Gurken-Joghurt-Suppe

Und wenn sie es lieber „pur" mögen – auch eine reine Tomatensuppe mit gutem Olivenöl und Basilikum ist ein Hochgenuss und von herrlich leuchtendem Rot. Zwar können die gekühlten Suppen nicht mit ihrem Duft locken, doch sie lassen sich wunderbar dekorativ anrichten: in einem antiken Cocktailglas, in einer feinen Dessertschale oder lieber gleich in der Karaffe? Je flüssiger die Suppe, umso mehr gleicht sie einem erfrischenden und gesunden Cocktail. Dann wird das köstlichste Sommergemüse mit Strohhalm serviert – notfalls kann man es etwas feiner pürieren und mit Joghurt, Kefir oder Wein aufgießen, so kommt noch eine interessante Säure ins Spiel.

### KALTE GURKEN-JOGHURT-SUPPE

*Zutaten für 4 Personen: 1 Salatgurke, 1 Schalotte, 1 Bund Petersilie, 1 Bund Dill, 1 - 2 Basilikumstängel, 500 ml Gemüsebrühe, 300 g Naturjoghurt, Salz, Pfeffer aus der Mühle, scharfes Paprikapulver, Dillspitzen zum Garnieren.*

Zubereitung: Gurke waschen, schälen und klein schneiden. (Nach Belieben etwas Gurke zum Garnieren in Stifte schneiden und beiseite legen.) Schalotte schälen und fein würfeln. Kräuter waschen, trocken schütteln, und die Blätter grob hacken. Gurke, Zwiebel, Kräuter und Brühe pürieren, Joghurt zugeben, kurz durchpürieren und mit Salz und Pfeffer würzen. Zugedeckt für 1–2 Stunden kalt stellen. Zum Servieren in Schälchen oder Teller anrichten, mit Gurkenstiften und Dillspitzen garnieren und mit etwas Paprikapulver bestreuen.

**KALTE GURKENSUPPE MIT SHRIMPS**

*Zutaten für 4–6 Personen: 1 kg Salatgurken, 200 g Joghurt, 250 g Sahne, 2 Knoblauchzehen, 2 EL Zitronensaft, 250 g Shrimps in Lake, 2 Bund Dill, Salz, Pfeffer aus der Mühle.*

Zubereitung: Gurken schälen, Enden abschneiden, längs halbieren, mit einem Löffel die Kerne herausschaben, Gurke in Stücke schneiden. Knoblauch schälen und mit den Gurkenstücken pürieren. Joghurt, Sahne, Zitronensaft, Salz und Pfeffer untermischen, zugedeckt 2 Stunden kalt stellen. Dill waschen, abzupfen, einige Spitzen für die Garnierung zurücklegen, den Rest fein hacken, unter die Suppe ziehen. Shrimps abtropfen lassen. Suppe auf Suppenschüsseln verteilen, mit Shrimps und Dill garnieren und schön kalt servieren.

*Einfach & raffiniert*

*Saftige Beeren werden zum süßen Hauptgericht*

**Beerenpartner**
*Eine Erdbeersuppe erhält mit trockenem Sekt oder Weißwein aufgefüllt eine spritzige Note … Zur Himbeersuppe passen Rotwein und frische Minze – oder alternativ als weiße Farbtupfer auch zerbröckelte Baisers*

**Heute kochen wir mit dem Zauberstab**
*Etwas Flüssigkeit, z. B Tomatensaft zum vorbereiteten Gemüse geben, dann mit dem Stabmixer auf höchster Stufe gut durchmixen, und die Suppe gelingt luftig leicht und cremig. Wer es nicht ganz so flüssig mag, der mixt nicht ganz so fein. Milchprodukte wie Kefir oder Trinkjoghurt bringen dazu eine angenehme Säure ins Spiel, und der Farbton der Suppe erhält eine interessante Pastellnote.*

Ein Schuss Zitronensaft rundet das Aroma ab. Würzig wird die Kreation mit fein dosiertem Balsamessig und kalt gepresstem Olivenöl – pikant mit einem Löffel Worcestersoße oder frisch gemahlenem schwarzem Pfeffer. Und wenn sich im Sommer die Beerensträucher unter ihrer süßen Last biegen und sie nicht mehr wissen wohin mit den Früchten, dann ist eine fruchtige Kaltschale eine köstliche Alternative. Ganz schlicht mit einer Sorte Beeren – oder sie variieren die Himbeersuppe mit frischer Minze aus unserem Rezeptteil in Manier einer roten Grütze mit einer ausgewogenen Mischung an allen verfügbaren Beeren. Gut gekühlt ein herrliches Essen für die nächste Hitzewelle.

**HIMBEERSUPPE MIT FRISCHER MINZE**
*Zutaten für 4 Personen: 100 g Zucker, 200 ml Wasser, 100 ml Rotwein oder Traubensaft, 250 g frische Himbeeren, 1 EL klein gehackte Minze, Minzeblättchen für die Garnitur.*
Zubereitung: Zucker, Wein, Wasser und gehackte Minze in einen Topf geben und ca. 5–8 Min. bei mittlerer Hitze einkochen lassen. Die Himbeeren verlesen, dazugeben und ca. 2–3 Min. mitkochen lassen. Noch einmal umrühren und abkühlen lassen. Dann für ca. 2–3 Std. in den Kühlschrank stellen. Die kalte Suppe mit Minzeblättchen garniert servieren. Dazu passt eine Kugel Vanilleeis.

# Rezepte

## MELONENSUPPE IN HALBER NETZMELONE

*Zutaten für 4 Personen: 3 Netzmelonen, Saft von 3 frisch gepressten Orangen, 2–3 EL Agavendicksaft (Reformhaus), 1–2 Tropfen Lavendelöl, 1 Orange, geschält und in dünne Scheiben geschnitten, Lavendelblüten für die Garnitur.*

Zubereitung: 2 Melonen halbieren, die Kerne entfernen, Früchte ca. 2 Std. in den Kühlschrank stellen. Die dritte Melone halbieren, entkernen, schälen und das Fruchtfleisch zusammen mit Orangen und Agavendicksaft fein pürieren. 2 Std. in den Kühlschrank stellen. Kurz vor dem Servieren das Lavendelöl einrühren und die kalte Suppe in die kalten Melonenhälften füllen. Mit Orangenscheiben und Lavendelblüten garniert servieren.

## EISGEKÜHLTE GAZPACHO

*Zutaten für 4 Personen: 1 kg reife Tomaten, 2 grob gehackte Zwiebeln, 1 EL Weißweinessig, 125 ml trockener Weißwein, 4 Knoblauchzehen, Salz, Pfeffer aus der Mühle, 1-2 Prisen Zucker, 1/2 TL Paprikapulver, edelsüß 2 EL gemahlene Mandeln, 2 EL Olivenöl, 1/3 fein gewürfelte Salatgurke, 50 g grüne oder schwarze fein gewürfelte Oliven. 1 EL fein gehackte Minze, 1 EL fein gehackte Petersilie, je 1 rote und grüne fein gewürfelte Paprikaschote*
*Garnitur: Gurkenscheiben, Petersilienblätter, Eiswürfel*

Zubereitung: Tomaten überbrühen und häuten. Die Hälfte davon mit den Zwiebeln, Essig, Wein und etwas Wasser im Mixer pürieren. Knoblauch dazupressen. Salz, Pfeffer, Zucker, Mandeln und Paprika einrühren und nach und nach das Öl untermixen; in eine Schale füllen. Restliche Tomaten entkernen, fein würfeln und zusammen mit den Gurken-, Oliven- und Paprikawürfeln in die Suppe geben, abschmecken und für einige Stunden in den Kühlschrank stellen. Kurz vor dem Servieren gehackte Kräuter untermischen. Nach Belieben mit Gurkenscheiben und Petersilie auf Eiswürfeln servieren.

## KALTE BOHNEN-ERBSEN-SUPPE

*Zutaten für 4 Personen: 1,2 kg dicke Bohnen, 600 g junge Erbsen, 2 Knoblauchzehen, 2 EL Haselnussöl, 2 EL Olivenöl, 200 ml Milch, Salz, Pfeffer aus der Mühle.*

Zubereitung: Bohnen ca. 5 Min. in kochendem Salzwasser blanchieren. Abschrecken und enthäuten. Knoblauch pellen. Erbsen und geschälte Knoblauchzehen ebenfalls in kochendem Wasser ca. 4 Min. blanchieren und abschrecken. Bohnen mit Knoblauch und Milch pürieren, Öle langsam einfließen lassen und weiter pürieren, bis die Suppe glattcremig ist. Mit Salz und Pfeffer abschmecken. In Schüsselchen füllen und mit Erbsen bestreut servieren.

## KEFIRKALTSCHALE MIT BASILIKUM UND RETTICH

*800 ml Kefir, 1 Bund Basilikum, 50 g Pinienkerne, 1 EL Parmesan, Salz, Pfeffer, Für die Garnitur: 1 junger Rettich (10-15 cm lang), Parmesan, Basilikumblätter*

Zubereitung: Den Basilikum waschen und trocken schütteln. Parmesan und Pinienkerne mit etwas Kefir in den Mixer geben und gut pürieren, anschließend die Basilikumblätter zufügen, 3-4 EL Kefir zufügen und nur kurz pürieren. Zum restlichen Kefir geben, miteinander vermengen, mit Salz und Pfeffer abschmecken, kalt stellen. Den Rettich schälen, in Scheiben hobeln, salzen ca. 10 Min. Ziehen lassen, bis der Rettich weint. Den Rettich abtropfen lassen. Die Suppe auf Schälchen verteilen, mit Rettichscheiben und Basilikumblättern garnieren, Etwas Parmesan darüber hobeln und servieren. Frisches Weißbrot dazureichen.

## KALTE MÖHRENSUPPE

*Zutaten für 4 Personen: 800 g frische Möhren, 1 walnussgroßes Stück Ingwer, 1 Knoblauchzehe (geschält), Olivenöl, 500 ml Gemüsefond, Saft von 1 Zitrone, Salz, Pfeffer aus der Mühle, 4 EL Sauerrahm, Petersilie für die Garnitur.*

Zubereitung: Möhren schälen und in Stücke schneiden. In einen Topf geben, den Gemüsefond angießen und zum Kochen bringen. Zugedeckt bei mittlerer Hitze in ca. 15 Min. weich kochen. Abgießen und etwas vom Kochwasser beiseite stellen. Die Möhren abkühlen lassen. Ingwer schälen und klein hacken. Möhren mit Ingwer und Knoblauch, 2 EL Olivenöl und 4-5 EL vom Kochwasser fein pürieren. Über Nacht in den Kühlschrank stellen. Vor dem Servieren mit Zitronensaft, Salz und Pfeffer abschmecken. Auf Suppenschalen verteilen. Jeweils einen dicken Klecks Sauerrahm daraufgeben, mit Petersilienblättern garnieren und schön kalt servieren.

# Ein Stück Urlaub mit *Kräutern*

Rosmarin, Salbei, Thymian und Basilikum tragen den Geschmack des Südens in sich und verwandeln einfache Speisen in kulinarische Erinnerungen

# Kräuter-Oliven-Brot

## Würzige Aromen für die mediterrane Sommerküche

### Tarte mit Olivenöl & Thymian

**Kleine, feine Balkonernte**
*Ein sonniger Kasten auf dem Balkon oder eine Topfparade auf der Terrasse bieten beste Wuchsbedingungen für mediterrane Kräuter. So macht das Würzen Spaß!*

„Mmh, das riecht ja wie in Italien!" Seit wir in den Ferien an der Riviera waren, verbindet meine Tochter den Duft nach frischem Thymian und Basilikum mit ihrem Lieblingsurlaubsland. Tatsächlich nimmt im Backofen das Pizzabrot gerade einen leichten Braunton an, der signalisiert, dass es bald zum Rausnehmen ist. Daneben liegen auf dem Holzbrett eine Handvoll Basilikumblätter bereit, die in Streifen geschnitten gleich in den Tomatensalat wandern werden. Es sind die typischen Aromen mediterraner Kräuter, die in uns Assoziationen an südliche Länder wecken. Dort gehören Basilikum, Rosmarin, Thymian und Salbei zur täglichen Küche. Mit Sehnsucht mag so mancher Italienfan an die dicken Basilikumbunde denken, wie sie auf den Märkten der ligurischen Küste verkauft werden. Bei uns findet man frisches Basilikum meist im 10-cm-Töpfchen angeboten, das gerade mal genug Stiele für eine kleine Portion Pesto liefert. Wer schlau ist, macht sich von den Krätutereinkäufen unabhängig und baut

**Duftendes Aufgebot**
*Die Kräuterspirale ist eine geniale Pflanzmethode, um sich ein platzsparendes Würzbeet anzulegen. Im oberen, wärmeverwöhnten Bereich wachsen die Südländer*

**Gut aufgelegt**
*Geht schnell und gibt ein fantastisches Aroma: einfach ein paar Thymianzweige auf dem Hefeteig auslegen und in den Backofen schieben*

Grüne Olivenpaste

## Yufkateigtaschen

*Ihr aromatischer Duft beflügelt unsere Koch-Kreativität*

das würzige Grünzeug selbst an. Gerade die mediterranen Arten sind recht anspruchslos in der Pflege und gedeihen auch im Topf prächtig. Allerdings sollte man sie gleich nach dem Kauf in ein größeres Gefäß umpflanzen, damit sie sich richtig entfalten können. Wasserabzugslöcher im Topfboden und eine 2–3 cm hohe Dränageschicht aus Blähton oder Kieselsteinen verhindern, dass die Wurzeln im Wasser stehen. Dünger brauchen die Südländer kaum, um kräftig zu wachsen, aber viel Sonne!

Einmal eingewurzelt, überstehen Thymian, Salbei und Rosmarin sogar unsere Winter, wenn man ihre Töpfe in einer geschützten Ecke zusammenstellt und mit Noppenfolie und Styroporplatten vor dem Durchfrieren schützt. Zuvor wird jedoch nochmals ordentlich geerntet. Zu kleinen Sträußchen gebunden, hängt man die Stiele kopfüber auf und lässt sie trocknen. Wie nützlich so ein Vorrat ist, zeigt sich, wenn Sie Ihre Familie mal wieder kulinarisch in Urlaubsstimmung versetzen möchten ...

**Türkische Spezialität**
*Der ursprünglich im Mittelmeerraum beheimatete Borretsch verleiht den mit Spinat und Schafskäse gefüllten Teigtaschen ein frisches Gurkenaroma. Borretsch ist ein einjähriges Kraut, das 50–80 cm hoch wird. Neben den behaarten Blättern ergeben seine blauen Sternblüten eine essbare Dekoration*

**Verwechslung ausgeschlossen!**
*Kochprofis erkennen sie natürlich am Aroma, aber auch ihnen werden die schmucken Namensschilder gefallen. Außerdem kann man so mal eben seine „Küchenhelfer" losschicken, um einen Zweig zu holen*

**Raffiniert würzen mit Rosmarin-Öl**
*So stellt man es her: 2–3 Rosmarinzweige waschen und trockentupfen. Gießen Sie dann Ihr Lieblingsolivenöl darüber. Die Flasche schließen und an einem hellen Ort etwa drei Wochen durchziehen lassen. Wichtig: Das Öl sollte die Zweige komplett bedecken!*

# Rezepte

## Pesto: selbstgemacht am besten!

*So gelingt die ligurische Würzsoße: ein Bund gewaschenes Basilikum mit 50 g geriebenem Parmesan oder Pecorino, 50 g Pinienkernen sowie etwas Salz und Knoblauch nach Geschmack mit dem Stabmixer pürieren. Dabei Olivenöl dazufließen lassen, bis eine glatte Paste entsteht*

## KRÄUTER-OLIVEN-BROT MIT ZIEGENKÄSE

*Zutaten für zwei Brote: 1 Brotbackmischung für Weißbrot (1 kg), Öl, Wasser, Salz, 300 g schwarze Oliven (entsteint), 6 Zweige Rosmarin, 300 g Ziegenkäse.*

Zubereitung: Die Rosmarinzweige waschen, trockenschütteln, zwei Zweige abnadeln und die Nadeln hacken. Die Oliven halbieren. Die Weißbrot-Backmischung nach Packungsaufschrift zubereiten. Gehackten Rosmarin und Oliven bis auf 8 Stück unter den Teig kneten, nach Packungsaufschrift gehen lassen, halbieren und in zwei mit Backpapier ausgelegte Kastenformen geben, nochmals gehen lassen. An einer Seite die restlichen Oliven oberflächlich in den Teig drücken. Brote nach Vorschrift backen. In der Zwischenzeit den Ziegenkäse in Scheiben schneiden. Nach der Hälfte der Backzeit Brote mit Ziegenkäse und Rosmarinzweigen belegen, fertigbacken. Etwa 10 Min. stehen lassen, aus der Form heben, das Backpapier entfernen und Kräuter-Oliven-Brote auskühlen lassen.

## TARTE MIT OLIVENÖL UND THYMIAN

*Zutaten für 2 Kuchen von ca. 20 cm Ø: 100 ml lauwarmes Wasser, 1/2 Würfel Hefe (oder 1 Päckchen Trockenhefe), 200 g durchgesiebtes Mehl, etwas Mehl für die Arbeitsfläche, 100 g Zucker, 1 Prise Salz, 100 ml süßliches Olivenöl (z.B. aus Ligurien), 100 gehäutete Mandeln, 4 Thymianzweige.*

Zubereitung: Die Hefe in lauwarmem Wasser auflösen. Mehl mit 40 g Zucker und Salz mischen, dann langsam das Wasser mit der Hefe und anschließend 30 ml Olivenöl unter ständigem Kneten einarbeiten. Den Teig gut durchwalken und danach abgedeckt bei Zimmertemperatur gehen lassen, bis sich sein Volumen verdreifacht hat (das dauert etwa 1 1/2 Stunden). Den Backofen auf 210 Grad vorheizen. Den Teig auf einer bemehlten Arbeitsfläche erneut gut durchkneten, in zwei Stücke teilen und diese rund ausrollen, dabei den Rand mit den Fingern etwas dicker formen. Tartes auf ein mit Packpapier ausgelegtes Backblech setzen. Die Mandeln grob hacken und darauf verteilen. Die Oberfläche gleichmäßig mit dem restlichen Öl begießen. Den restlichen Zucker darüberstreuen und die Thymianzweige auf dem Teig verteilen. Den Kuchen im Backofen etwa 10 Minuten goldbraun backen.

## YUFKATEIGTASCHEN MIT SCHAFSKÄSE

*Zutaten für 4 Personen: 12 Platten Yufkateig, 600 g Schafskäse, 2 Eier, 2–4 Zweige Borretsch, 4–6 EL Spinat (grob gehackt), Salz, Pfeffer, Öl zum Frittieren.*

Zubereitung: Schafskäse in eine Schüssel reiben. Borretsch waschen, Blätter abzupfen und fein hacken. Eier trennen, ein Eiweiß steif schlagen. Eigelbe unter den Schafskäse mengen, glatt rühren, mit Salz und Pfeffer würzen, Spinat und Borretsch untermengen. Eischnee unterheben. Frittierfett in einem Topf erhitzen. Teigplatten nebeneinander auf die leicht bemehlte Arbeitsfläche legen, Füllung auf die Teigplatten verteilt jeweils im unteren Drittel aufhäufen. Die Teigränder mit Eiweiß einpinseln und die Teigplatten mit der Füllung zu Röllchen aufrollen. Teigröllchen im heißen Fett 2–3 Minuten goldgelb frittieren, auf Küchenkrepp abtropfen lassen und mit Borretsch garniert, warm oder kalt servieren. Oliven-Brote auf einem Kuchengitter auskühlen lassen.

## GRÜNE OLIVENPASTE

*Zutaten für 4 Personen: 2 Knoblauchzehen (halbiert), 125 g grüne Oliven (entsteint), 1 EL kleine Kapern, 1 EL Pinienkerne (ohne Fett in einer Pfanne geröstet), 2 EL Tomatenmark, 2 EL Olivenöl, 2 TL Balsamico-Essig, Pfeffer aus der Mühle.*

Zubereitung: Oliven mit Kapern, Pinienkernen, Tomatenmark, Essig, Olivenöl und etwas Pfeffer pürieren oder im Mörser fein zerreiben; abschmecken. Z. B. Mit gerösteten Ciabattascheiben servieren.

# Fruchtsäfte
## Der Sommer im Glas

Sommerdrink mit Beeren

## Köstlichkeiten mit frischem Obst aus dem Garten

Erdbeer-Holunder-Drink

*Die süßen Aromen des Sommers, pur oder gemischt, als Drink serviert – ein Hochgenuss!*

**Sensible Früchtchen**
*wie Himbeeren und Brombeeren sollten – entgegen allen anderen Sorten – für die Saftherstellung nicht gewaschen werden, sie verlieren sonst zu viel Aroma. Auch vorheriges Zerkleinern ist nicht ratsam, weil der Saft dabei verloren geht*

Leuchtend rot liegen sie in der Schale, samtig weich die Himbeeren, knackig glänzend die Kirschen, geheimnisvoll violett die Brombeeren – was für eine genussreiche Freude, von den Früchten zu naschen, die man eben erst von Baum oder Strauch gezupft hat! Doch lohnt es sich durchaus, einem Teil der Ernte –vorerst – zu widerstehen und diesen zu hocharomatischem Saft zu verarbeiten – sei es, um gleich einen gesunden, süßen Drink zu genießen, ein Dessert zu verfeinern oder aber um den Geschmack des Sommers für kühlere Tage zu konservieren.

Das Grundprinzip der Saftbereitung ist einfach: Durch bestimmte Techniken werden die Zellwände der Früchte zum Platzen gebracht, wodurch der Obstsaft austritt. Die einfachste Methode ist das simple Auspressen der Früchte: Die Vitamine bleiben vollständig erhalten und der Saft schmeckt herrlich frisch. Möglich ist auch das Zerdrücken oder Zerstampfen der Früchte in

Beeren-Smothie

Melonen-Grapefruit-Saft

## Das Vergnügen fängt schon mit der Ernte an!

*Himbeer-Eistee mit frischer Minze*

*Frisch und selbst gemacht schmeckt Saft einfach am besten*

### Frischer Kiwisaft

**Fruchtige Genüsse**
*Selbst hergestellte Säfte eignen sich übrigens auch wunderbar zum Verfeinern von Mixgetränken und Sahne oder zum Süßen und Garnieren von Desserts*

einer Porzellanschüssel, woraufhin Zitronensäure in Wasser aufgelöst und über die Früchte gegossen wird (auf 1 kg Früchte 250 ml Wasser und 20 g Säure); über Nacht zudecken, am nächsten Tag durch ein Tuch filtern und mit Zucker (750 g auf 1 Liter Saft) oder Honig süßen. In saubere Flaschen gefüllt, hält sich dieser „rohe Saft" bis zu drei Monaten – Sie können ihn jedoch auch einfach einfrieren.

Der „gekochte Saft" wird durch Erhitzen mit wenig Wasser und anschließendes Abtropfen der Früchte durch ein Tuch oder Sieb hergestellt. Beim Dampfentsafter platzen die Zellen durch heißen Wasserdampf auf, der Saft wird aufgefangen. Diese Methode ist für größere Mengen geeignet und bringt hohe Ergiebigkeit. Dann gibt es natürlich noch den elektrischen Entsafter, bei dem die Flüssigkeit durch eine Zentrifuge aus dem Obst gepresst wird. Und sollte die Ernte doch einmal zu köstlich sein, um widerstehen zu können, so gibt es ja immer noch den Bauernmarkt mit seinem reichen Angebot – und auch zuvor eingefrorenes Obst lässt sich zu Saft verarbeiten.

### VOM BAUM IN DIE FLASCHE

Die beste Erntezeit ist am frühen Vormittag, wenn der Tau getrocknet und die Früchte noch kühl und reich an Aroma sind. Je reifer, desto saftiger, also ergiebiger, und geschmacklich intensiver sind sie auch. Eine möglichst rasche Verarbeitung ist sinnvoll; einzig Äpfel, Birnen und Quitten können Sie ohne Sorge einige Tage liegen lassen. Kern- und anderes hartes Obst sollte am besten kurz in wenig Wasser weichgekocht werden. Hierfür die Früchte ungeschält (bei Quitten den Flaum zuvor mit einem Haushaltpapier abreiben) und mit Kerngehäuse in kleine Stücke schneiden

# Früchte-Cocktails

### HIMBEER-EISTEE MIT FRISCHER MINZE

*Zutaten: für 1 Liter: 3 TL Darjeelingtee, 250 ml kalter Himbeersaft, 250 ml Eiswürfel, einige Minzeblättchen zum Garnieren.*

Zubereitung: Den Schwarztee mit 1/2 Liter kochendem Wasser überbrühen und etwa 3 Min. ziehen lassen. Dann abgießen und abkühlen lassen. Anschließend die Eiswürfel, den Himbeersaft und den Schwarztee gut durchpürieren. Drink in Gläser füllen, mit Minzeblättchen garnieren und gleich servieren.

### FRISCHER KIWISAFT

*Zutaten für 2 Personen:*
*4 Kiwis, 300 ml Mineralwasser.*

Zubereitung: Die Kiwis schälen, zusammen mit dem Mineralwasser pürieren und anschließend in hohe, dekorative Gläser füllen. Nach Belieben mit einem Fruchtspieß garniert servieren. Evtl. Eiswürfel zugeben.

### HOLUNDERBEERSAFT

*Zutaten: 2 kg frisch geerntete, einwandfreie Holunderbeeren, 1 l Wasser, 500 g Zucker (je Liter Saft).*

Zubereitung: Die Holunderdolden vorsichtig waschen, abzupfen, abtropfen lassen. Dann etwas zerstampfen und mit dem Wasser aufsetzen, aufkochen lassen und dann zu Brei verrühren. Durch ein Mulltuch/Baumwolltuch mehrere Stunden oder besser über Nacht ablaufen lassen. Sodann den Saft abmessen und mit 500 g Zucker je Liter Saft etwa 15 Min. aufkochen lassen. Noch heiß in Flaschen füllen und sofort verschließen. Verdünnt genießen.

**Voll ausgereifte, einwandfreie Früchte**
*sind Voraussetzung für das Gelingen gesunder und aromenreicher Säfte. Experimentieren Sie ruhig ein bisschen: Gemischte Früchte ergeben interessante „Multivitaminsäfte"!*

**Frisch gepresster Apfelsaft**
*Für 1 Glas benötigen Sie ca. vier Äpfel. Gewaschen und zerkleinert lassen sie sich am einfachsten mit dem elektrischen Entsafter in einen süßen Drink verwandeln*

111

# Früchte-Cocktails

### SOMMERDRINK MIT BEEREN

*Zutaten für 2 Drinks:* 4 schöne Erdbeeren, Saft einer 1/2 Zitrone, 4 EL Cassis, 2 EL flüssiger Honig, eisgekühltes Mineralwasser. Außerdem: Eiswürfel, 2 Spieße mit Heidelbeeren, einige Minzblättchen.

*Zubereitung:* Erdbeeren waschen und klein schneiden. Honig mit Zitronensaft und ca. 300 ml Mineralwasser verrühren. Je 2 EL Cassis auf Gläser verteilen, Eiswürfel und Erdbeeren zugeben und mit dem angerührten Mineralwasser aufgießen. Mit Minzblättchen und Heidelbeerspießen dekorieren und die Drinks sofort servieren. – Ein Fruchtsaft der anderen Art – und ein prickelnder Drink!

### ERDBEER-HOLUNDER-DRINK

*Zutaten für 2 Personen:* 50 g geputzte und gewaschene Holunderbeeren, 6 reife Erdbeeren, 8 cl frisch gepresster Grapefruitsaft, 2 cl Erdbeersirup, einige Eiswürfel, 50 g Sahne, 1 EL Zucker.

*Zubereitung:* Die Holunderbeeren mit dem Zucker pürieren, kurz aufkochen und abkühlen lassen. Die Erdbeeren, den Grapefruitsaft und den Erdbeersirup mit 2 Eiswürfeln in einem Mixer gut durchmixen. Die Sahne steif schlagen und kurz mit dem Holunderpüree verquirlen. Dann zuerst die Erdbeer-Grapefruit-Mischung in Gläser füllen, anschließend mit der Holunderbeer-Sahne auffüllen. Als Dekoration eignet sich, in die Sahne gesteckt, ein Erdbeerviertel oder einige frische Minzeblättchen.

### BEEREN-SMOOTHIE

*Zutaten für je 2 Drinks:* 150 g Beeren unterschiedlicher Sorten (Himbeeren, Heidel- und Brombeeren), 100 ml Kirschsaft, 100 ml Heidelbeersaft, 2 TL Zucker, 100 g kalter Naturjoghurt.

*Zubereitung:* Die Beeren, wenn überhaupt, dann nur sehr vorsichtig waschen, abtropfen lassen, putzen und verlesen. Davon 6 schöne Exemplare beiseite legen. Die restlichen mit den Säften gut durchpürieren und anschließend mit Zucker abschmecken. Den Naturjoghurt auf zwei Gläser verteilen, dann den Beerensaft hinzugeben und kurz durchrühren, so dass eine dekorative Marmorierung entsteht. Zum Schluss mit den zurückgelegten Beeren garnieren und servieren.

### MELONEN-GRAPEFRUIT-SAFT

*Zutaten:* 1/4 Netz- oder Galiamelone (ca. 250 g), Saft einer Grapefruit, 2 EL flüssiger Honig, 1/2 l kaltes Mineralwasser.

*Zubereitung:* Die Melonenviertel entkernen, schälen und in kleine Stücke schneiden. Das Fruchtfleisch, den Grapefruitsaft und den Honig in einen Mixer geben, das Mineralwasser hinzufügen und alles fein pürieren. In hohe Gläser füllen und frisch servieren.

### KÖSTLICHE MISCHUNGEN

*Als Faustregel gilt: kräftige mit milden bzw. herbe mit süßen Früchten mischen.*
Äpfel–Rhabarber (2:1),
Brombeeren–Äpfel (2:1),
Erdbeer–Rhabarber (2:1),
Hagebutten–Äpfel (3:1),
Aprikosen–Rhabarber (3:1),
Sanddorn–Hagebutten–Äpfel (2:1:1),
Schlehen–Quitten (1:1),
Vogelbeeren–Äpfel (2:1),
Pflaumen–Äpfel–Holunderbeeren (1:1:1),
Johannisbeeren–Stachelbeeren–Erdbeeren (2:1:1),
Holunderbeeren–Äpfel (2:1),
Brombeeren–Holunderbeeren (2:1),
Heidelbeeren–Äpfel (3:1)

Das schmeckt uns im

# August
Köstlichkeiten für alle Sinne

Crepes mit Calvados-Äpfeln ................................................. 118
Überbackene Austern .............................................................. 119
Gedämpfte grüne Miesmuscheln ........................................ 119
Gebratene Langustinen mit Kaviarsoße ........................... 119
Bouillabaisse .............................................................................. 119
Mediterrane Kräuterpoularde ............................................. 123
Sommersalat mit Knoblauch und Feta ............................. 123
Ziegenkäse mit Kräutern und Olivenöl ............................. 123
Panzanella .................................................................................. 123
Muschelnudeln ......................................................................... 123
Walnuss-Feigen-Eis .................................................................. 126
Gefüllte Datteln mit Walnüssen .......................................... 127
Eingelegte Zitronen ................................................................ 127
Kichererbsenpüree .................................................................. 128
Safranbällchen .......................................................................... 128
Mandelmilch mit Pistazien ................................................... 128
Couscous ..................................................................................... 128
Orangensalat mit Fenchel ..................................................... 128

# Köstlichkeiten nach bretonischer Art

**Frisch und klar wie das Meer** wirkt die Tischdekoration. Über die Tafel zieht sich ein Band aus Schilfstängeln, Kerzen in Austernschalen sorgen für Licht. Wenn Sie die Tafel an einem See in der Nähe decken, mit einem Stoffbaldachin als Sonnenschutz, könnte man sich fast in die Bretagne versetzt fühlen

Unternehmen Sie eine kulinarische Reise zu den herzlichen, geradlinigen Menschen aus dem französischen Norden und genießen Sie zusammen mit Ihren Gästen fangfrische Meeresfrüchte und landestypische Spezialitäten à la bretonne. – „Digemer mad!" heißt auf Bretonisch „Willkommen!"

# Fisch essen wie in der *Bretagne*

Überbackene Austern

**Dekoratives Strandgut**
*Salz oder Pfeffer, aber auch Crème fraîche und gehackte bretonische Kräuter werden ansprechend in Muschelschalen präsentiert. Die Muscheln stammen aus dem letzten Urlaub in der Bretagne – oder vom vorherigen Muschelessen*

Wenn man an der Spitze des Finistère ganz im Nordwesten der Bretagne steht und die Meeresbrandung einem entgegenschlägt, könnte man tatsächlich meinen, am „Ende der Welt" zu sein. Doch der raue, ungestüme Charakter der See ist nur eine Seite der Bretagne. Denn ebenso stolz wie die bretonischen Seeleute, die jeden Tag Fische und Meeresfrüchte an Land bringen, sind die bretonischen Bauern auf ihre Heimat: Der angebaute Buchweizen bildet die Grundlage für die herrlichen Pfannkuchen namens „Galettes", die noch ein bisschen besser schmecken als ihre Verwandten, die Crêpes aus Weizenmehl. Die Äpfel, die hier dank des erstaunlich milden Klimas wunderbar gedeihen, werden zum berühmten Apfelwein Cidre verarbeitet, der hier länger als sonst wo gären und reifen muss und deswegen besonders lebhaft im Glas perlt. Und auf den salzigen Wiesen der Bretagne weiden die Lämmer, die mit ihrem zarten Fleisch die bretonische Küche bereichern …

*Gedämpfte grüne Miesmuscheln*

So ließe sich beliebig fortfahren, denn die Köstlichkeiten der Bretagne sind wahrlich vielfältig. Am besten, Sie probieren selbst Rezepte aus und genießen – am schönsten natürlich gemeinsam mit Gästen. Als Hors-d'œuvre genügt frisches Baguette und die typische gesalzene Butter der Bretagne, die übrigens auch zum Kochen verwendet wird und den Gerichten ein ganz besonderes Aroma verleiht. Und dann wird geschlemmt! Frische Austern und Muscheln, rosa gebratene Langustinen und natürlich Seefisch gehören zu den Köstlichkeiten. Dazu passt hervorragend ein frischer Weißwein, ein landestypischer Muscadet.

Ganz nach dem Meer, dem bestimmenden Element der Bretagne, ist auch der Tisch gestaltet. Das Blau des Tischtuchs erinnert an die Farbe der Wellen und des Himmels. Das Licht kleiner Muschelkerzen bricht sich im kunstvoll verzierten Glas der Teller und Gläser. Wenn Sie mögen, legen Sie dazu eine CD mit Meeresrauschen ein!

## Herrlich frische Seefische aus dem Meer laden zum Genießen und Feiern ein

*Gebratene Langustinen mit Kaviarsoße*

**Meeresrauschen**
*Das Geräusch der Brandung entspannt wohltuend. Nach dem Essen freut man sich über weiche Kissen, in die man sich zurücksinken lassen kann*

Bouillabaisse

**Austerhalter**
*Wenn Sie leere Austernschalen zusammenkleben, erhalten Sie einen stilvollen Halter für Tisch- und Menükarte oder einen bretonischen Willkommensgruß*

# Der Geschmack des
## *Meeres*

**Serviettenknoten**
*Dicke Segelschnur (Sportfachhandel) wird hier zum Serviettenring. Wenn Sie Seemannsknoten binden können – umso besser!*

Erst mit dem Dessert kehren wir an Land zurück und gönnen uns Crêpes mit Calvados-Äpfeln, dekorativ auf einer Muschelschale angerichtet. Dazu gibt es bretonischen Apfelbranntwein oder seinen Bruder aus der Normandie, einen Calvados. Sollten Sie nun auf den Geschmack gekommen sein, können Sie bei einem weiteren Gläschen Pläne für einen Urlaub in der Bretagne schmieden. Wenigstens einmal sollten Sie sich dort in Finistère, am äußersten Ende der Bretagne, den Meerwind durchs Haar wehen lassen. „Armor" haben die bretonischen Vorfahren ihr Land genannt: „Land am Meer". Ein bisschen klingt das wie das lateinische „amor" – Liebe!

**Licht à la mer**
*erhalten Sie, wenn Sie in leere Muschel- oder Austernschalen ein kurzes Stück Docht halten und mit flüssigem Wachs aufgießen*

## Stimmungsvoll dekoriert

*Crêpes mit Calvados-Äpfeln*

### CRÊPES MIT CALVADOS-ÄPFELN
*Zutaten: Für die Crepes: 80 g Mehl, 1 Eigelb, 2 Eier, 100 ml Milch, 100 ml Mineralwasser, 2 EL Butter, 1 Prise Salz, 2 - 3 TL Zucker, Butter, zum Braten*
*Für die Calvadosäpfel: 2 Äpfel, 1 EL Butter, 1/2 Zitrone, 3 EL Calvados, 1 EL Zucker, Puderzucker zum Bestäuben*
Zubereitung: Für die Crepes das Mehl mit dem Salz, dem Zucker, den Eiern und den Eigelben in einer Schüssel verschlagen. So lange rühren bis ein glatter Teig entsteht. Die Milch und das Mineralwasser dazugeben, die flüssige Butter unterrühren und 1 Stunde stehen lassen. Für die Calvadosäpfel die Äpfel waschen, vierteln. Das Kerngehäuse herausschneiden, längs in dünne Spalten schneiden und sofort mit Zitronensaft beträufeln. Die Butter in einer Pfanne zerlassen. Die Äpfel sowie den Calvados und den Zucker zugeben und bei schwacher Hitze ca. 3 Minuten garen. Die Äpfel sollen dabei nicht zerfallen. Die Butter in einer Eisenpfanne erhitzen. Mir einer kleinen Schöpfkelle etwas Crepeteig hinein gießen. Durch Drehen und Schwenken den Teig gleichmäßig dünn auf dem Boden verteilen. Hellbraun backen, mit einer Palette oder einem großen Deckel wenden und die zweite Seite backen. Auf diese Weise 8 Crepes backen und im Backofen warm halten. Zum Servieren die Crepes mit den Calvadosäpfeln füllen, dekorativ zusammenfalten und mit Puderzucker bestäubt auf Tellern anrichten.

# Rezepte

### ÜBERBACKENE AUSTERN

*Zutaten für 2 Personen: 12 Austern, 30 g fein geriebenes Weißbrot, ca. 50 g gehackte Kräuter (Petersilie, Estragon, Kerbel), 3 EL Olivenöl, Pfeffer, Saft von 1/2 Zitrone, grobes Meersalz.*

Zubereitung: Austern waschen und öffnen, das Austernwasser auffangen. Die tiefen Austernschalen säubern. Olivenöl, Austernwasser und Zitronensaft miteinander verrühren, mit Pfeffer würzen. Austern wieder in die Schalen setzen, gehackte Kräuter darüber streuen, das fein geriebene Weißbrot darauf verteilen und die Soße darüber träufeln. Ein Backblech dick mit Meersalz bestreuen und Austern darauf legen. Im vorgeheizten Backofen bei 230 Grad ca. 5 Min. überbacken.

### GEBRATENE LANGUSTINEN MIT KAVIARSOSSE

*Zutaten für 4 Personen: 20 Langustinen (oder Scampi), 2 Knoblauchzehen, Salz, Pfeffer aus der Mühle, 5 EL Olivenöl, 200 ml Fischfond aus dem Glas, 50 ml Noilly-Prat-Wermut, 100 g Crème double, 10 g Beluga-Kaviar, 10 g Keta-Kaviar.*

Zubereitung: Langustinen aus der Schale lösen, mit einem Messer am Rücken leicht einschneiden und den schwarzen Darm herauslösen, das Fleisch abspülen und trockentupfen. Knoblauch schälen, mit etwas Salz zerdrücken und mit Olivenöl verrühren. Langustinen darin einige Stunden durchziehen lassen. Für die Soße Fischfond mit Noilly Prat aufkochen, Crème double einrühren und ca. auf die Hälfte einkochen lassen. Langustinen aus der Ölmarinade nehmen, auf Küchenkrepp leicht abtropfen lassen und auf einem Elektrogrill (oder in einer Pfanne) rasch einige Minuten bei großer Hitze von beiden Seiten grillen. Zum Servieren Kaviar in die Soße rühren und mit Langustinen anrichten. Dazu nach Belieben frittiertes Gemüse reichen.

### GEDÄMPFTE GRÜNE MIESMUSCHELN

*Zutaten für 2 Personen: 1 kg grüne Miesmuscheln, 1 Möhre, 1 Frühlingszwiebel, 1 EL Öl, 1 Knoblauchzehe, 2 Stängel Thymian, 1 Lorbeerblatt, 1/2 l Weißwein, 200 g Seeteufelfilet, Salz, Pfeffer, 1 EL Butter, einige Salatblätter zum Garnieren.*

Zubereitung: Miesmuscheln unter fließendem Wasser abbürsten und die Bärte entfernen. Nochmals gründlich waschen. Bereits geöffnete Muscheln wegwerfen. Muscheln im Sieb abtropfen lassen. Möhre und Frühlingszwiebel putzen und in feine Streifen schneiden. Öl in einem großen Topf erhitzen. Gemüse darin bei geringer Hitze kurz glasig werden lassen, dann Muscheln dazugeben. Geschälte und halbierte Knoblauchzehe, Thymian und zerkleinertes Lorbeerblatt ebenfalls in den Topf geben und Weißwein angießen. Muscheln im geschlossenen Topf 6–8 Min. bei mäßiger Hitze im Dampf garen. Dabei öffnen sich die Schalen. Noch geschlossene Muscheln wegwerfen. Zwischenzeitlich das Fischfilet in 4 Streifen schneiden, salzen, pfeffern und in heißer Butter in ca. 3–4 Min. rundum anbraten. Salatblätter auf Teller geben, die Fischfilets in die Mitte legen, die Muscheln rundherum verteilen und mit etwas Gemüse-Muschelsud begießen. Mit frischem Baguette servieren.

### BOUILLABAISSE

*Zutaten für 4-6 Personen: 4 reife Tomaten, gehäutet, entkernt und klein geschnitten 3 Zwiebeln, geschält, in Ringe geschnitten, 1 kleine Fenchelknolle, geputzt und in feine Streifen geschnitten, 1 kg gemischte Fischfilets, (z. B. Rotbarbe, Merlan, Lotte), in mundgerechte Stücke geschnitten. 3 EL Olivenöl, 1 TL Thymianblättchen, 1 Lorbeerblatt, 1 1/5 l Fischfond, 1 Döschen Safran, Salz, Pfeffer, aus der Mühle, 1 EL Oreganoblättchen*

Zubereitung: Zwiebeln in heißem Öl glasig schwitzen, Fenchelstreifen zufügen einige Min. mit braten, dann Tomaten zufügen, Fischfond angießen und Kräuter (bis auf die Petersilie) und Gewürze hineingeben, ca. 10 Min köcheln lassen, abschmecken, dann den Fisch hineingeben, kurz aufkochen lassen und sofort mit Oregano garniert servieren. Baguettescheiben mit Aioli dazu servieren.

# Flüssiges Gold
## Olivenöl

**Aromen, die man schmeckt**
*Tester unterscheiden zwischen grünen Noten wie die von frisch geschnittenem Gras, Fruchtnoten und Kräuternoten. Nach was duftet Ihr Öl?*

# Ein Baum liefert 3–4 Liter Öl pro Jahr

**Mediterrane Kräuterpoulade**

**Sommersalat**

Was wäre der Sommer ohne Olivenöl? Sein Duft und Aroma bringen südliche Lebensfreude und Leichtigkeit auf die Tafel

### Charakterbaum
*Ein Olivenbaum kann mehrere Hundert Jahre alt werden und wächst rund ums Mittelmeer. Kenner behaupten: Je knorriger der Baum, desto höher der Ertrag*

### Glücksfall für die Sommerküche
*Mit Olivenöl lassen sich die feinsten Salatdressings und Marinaden zaubern. Geschmortes wie die Kräuterpoularde oder Gegrilltes garen damit besonders schonend und schmecken schön würzig*

### Kräuterwürze
*Man schmeckt, dass beide unter mediterraner Sonne geboren wurden: Rosmarin eignet sich bestens zum Aromatisieren des goldgelben Öls*

Wenn's mal schnell gehen muss, sind „Spaghetti Aglio e Olio" unser absoluter Sommerfavorit: Während in acht Minuten die Pasta vor sich hinkocht, erhitzt man in einer Pfanne bei schwacher Hitze drei Esslöffel Olivenöl und brät darin zwei in größere Stücke geschnittene Knoblauchzehen an. Als Würze fügt man grob gehackte glatte Petersilie, eine Prise Peperoncino (scharfes Peperonigewürz), Salz und Pfeffer dazu. Sobald die Nudeln al dente sind, lässt man sie kurz abtropfen und gibt sie dann zur Soße in die Pfanne. Kurz umrühren – fertig! Je einfacher das Gericht, umso stärker schmeckt man die Qualität des Olivenöls heraus. Doch wie erkennt man gute Qualität? Die Bezeichnung „natives Olivenöl extra" soll garantieren, dass die Oliven bei niedrigen Temperaturen schonend „kaltgepresst" wurden.

# Der Olivenbaum: Ein Geschenk der Götter

Ziegenkäse mit Kräutern und Olivenöl

Panzanella

**Rohstoff für feine Öle**
*Wenn die Farbe der Steinfrüchte ab Oktober von Grün ins Violett wechselt, ist der beste Erntezeitpunkt gekommen*

Öle dieser Güteklasse dürfen nicht mit anderen Olivenölen gemischt sein. Ähnlich wie beim Wein beeinflussen darüber hinaus auch die Baumsorte, das Anbaugebiet, die Lage und die Erntemethoden die Qualität des Öls. Wer in einem Mittelmeerland Urlaub macht, sollte unbedingt mal Kostproben örtlicher Produzenten einholen. Wenn's schmeckt, kann man sich unbesorgt einen kleinen Vorrat mit nach Hause nehmen, denn im kühlen, dunklen Kellerraum ist das Olivenöl mindestens 18 Monate haltbar. Der Kühlschrank eignet sich dagegen nicht zur Lagerung, da das Öl bei Temperaturen unter 10 Grad ausflockt. Besser ist es, immer einen kleinen Vorrat in Griffnähe zu haben, falls mal wieder schnell eine Pasta gezaubert werden soll …

**Lassen Sie Ihren Geschmack entscheiden**
*Manche Feinkostläden bieten Ihren Kunden den Service der Olivenöl-Verkostung an. Mutige nehmen beherzt einen Löffel voll in den Mund, Zaghaftere beträufeln damit ein Stück Weißbrot*

# Rezepte

### MEDITERRANE KRÄUTERPOULARDE

*Zutaten für 4 Personen: 1 küchenfertige Poularde (ca. 2 kg), 2 Kräuterbündel aus Rosmarin, Thymian und Oregano, 3 Knoblauchzehen, 1 TL Balsamessig, 4 EL gutes Olivenöl, 400 g Kirschtomaten, 125 ml Hühnerbrühe, Salz und Pfeffer.*

Zubereitung: Backofen auf 200 Grad vorheizen. Poularde innen mit Salz, Pfeffer und Balsamessig würzen. Ein Kräuterbündel und Knoblauchzehen hineingeben. Zwei Esslöffel Olivenöl in die Form geben, restliche Kräuter und die Kirschtomaten mit dem Huhn hineinlegen. Im Ofen eine Stunde braten, dabei wenden und mit dem Bratensaft begießen. Anschließend Kräuter, Poularde und Tomaten herausnehmen. Fett abschöpfen, 125 ml Hühnerbrühe in die Form geben und den Bratensatz aus der Backofenform damit ablöschen. Aufkochen lassen, bis die Soße eingedickt ist. Mit Salz und Pfeffer abschmecken, in eine Sauciere umfüllen und zur Poularde servieren. Als Beilage passen geröstete Rosmarinkartoffeln.

### SOMMERSALAT MIT KNOBLAUCH UND FETA

*Zutaten für 4 Personen: einige Kopfsalatblätter, 2 Zucchini, 4 Tomaten, 2 rote Zwiebeln, 2 milde eingelegte Peperoni, 2 Knoblauchzehen, 200 g Fetakäse, 4 EL Weißweinessig, Salz, Pfeffer aus der Mühle, 6 EL Olivenöl, 2 EL gehackte Petersilie, etwas Zitronenmelisse zum Garnieren.*

Zubereitung: Salatblätter waschen, trockenschleudern und kleiner zupfen. Die Zucchini waschen, den Stielansatz entfernen. Die Zucchini in ca. 1/2 cm dicke Stifte schneiden. Die Tomaten waschen, putzen und klein schneiden. Die Zwiebeln schälen und in dünne Ringe schneiden. Die Peperoni waschen, putzen, längs aufschlitzen, entkernen und in dünne Ringe schneiden. Knoblauch schälen und fein hacken. Den Schafskäse in Würfel schneiden. Für die Marinade den Essig, Salz und Pfeffer mit dem Schneebesen in einer kleinen Schüssel verquirlen. Das Olivenöl nach und nach unterschlagen und die Petersilie und Knoblauch einrühren. Salatzutaten damit mischen, auf Tellern anrichten und mit Zitronenmelisse garniert servieren, dazu passt geröstetes Brot.

### ZIEGENKÄSE MIT KRÄUTERN UND OLIVENÖL

*Zutaten für 4 Personen: je 2 EL Schnittlauch und Petersilie (fein gehackt), 16 Scheiben Ziegenkäse von der Rolle, grob gemahlener Pfeffer aus der Mühle, bestes Olivenöl.*

Zubereitung: Ziegenkäse auf 4 Tellern anrichten, mit reichlich Olivenöl beträufeln. Die Kräuter und Pfeffer darüberstreuen und 30 Min. ziehen lassen. Dazu passt frisches Baguette oder Bauernbrot.

### PANZANELLA

*Zutaten für 2 Personen: je einige Basilikum- und Rucolablätter, 2 Knoblauchzehen, 1 rote Zwiebel, Saft einer halben Zitrone, Salz, Pfeffer aus der Mühle, 1/2 TL Senf, 5 EL Olivenöl, ca. 150 g Ciabatta, 3–4 Tomaten.*

Zubereitung: Basilikum und Rucola waschen, putzen und trockenschütteln. Zwiebel schälen und in dünne Spalten schneiden. Knoblauchzehen schälen. Zitronensaft, Salz, Pfeffer, Senf und 4 EL Öl verrühren, 1 Knoblauchzehe dazupressen, abschmecken. Das Brot in mundgerechte Würfel schneiden, auf ein Backblech legen und im vorgeheizten Backofen bei 220 Grad ca. 5 Min. rösten. Dann herausnehmen und beiseite stellen. Tomaten waschen, putzen und in grobe Stücke schneiden. Restliches Öl in einer Pfanne erhitzen, Knoblauch dazupressen, die Brotwürfel zugeben und 1–2 Min. rösten, salzen und pfeffern und aus der Pfanne nehmen. Tomaten, Zwiebel, Rucola und Brot miteinander mischen, die Salatsoße untermengen und die Panzanella mit Basilikum garniert servieren.

### MUSCHELNUDELN

*Zutaten für 4 Personen: 10 Pastamuscheln, 4 EL Olivenöl, 2 EL Balsamessig, 1/2 TL Honig, Salz, Pfeffer aus der Mühle, 7 getrocknete Tomaten, 80 g Mozzarella, 15 Basilikumblätter.*

Zubereitung: Nudeln bissfest garen und kalt abschrecken. Den Mozzarella und die getrockneten Tomaten klein würfeln, Basilikum hacken und untermischen. Olivenöl, Balsamessig, Honig, Salz und Pfeffer zu einer Marinade verrühren. Getrocknete Tomaten, Mozzarella und Basilikum damit übergießen, gut durchrühren und die Pastamuscheln damit füllen, mit einem Zahnstocher feststecken.

# Köstliches Marokko

Feine Kreationen aus
dem Land der 1000 Aromen

Kichererbsenpüree

**Minztee**
*Grüner Tee mit frischer Minze ist das „Nationalgetränk" in Marokko. Zu beinahe jeder Tageszeit wird er getrunken – beim geselligen Zusammensein mit Freunden oder in der kleinen Pause zwischendurch*

Mandelmilch mit Pistazien

Lassen Sie sich inspirieren von der gelassenen Lebensfreude der Marokkaner – und von ihrer Küchenkultur, die mit außergewöhnlichen Kombinationen, Farben und Düften zur feinsten in Nordafrika gehört

„Seyyyn!" ist einer der schönsten Ausrufe für Marokko-Reisende, denn es bedeutet köstlich! Sie können jedoch mit dem Sprachunterricht schon zu Hause beginnen. Holen Sie sich die unvergleichlichen Aromen der marokkanischen Kochkunst in die heimische Küche und probieren Sie einige einfache, aber feine Gerichte aus! Ihre Seele sind die ausgewogenen Mischungen der Gewürze: Koriander, Zimt, Kreuzkümmel, Cayennepfeffer, Kardamom und Safran – um nur einige zu nennen. Zur Einstimmung vielleicht ein Gläschen „Nâa-naa", Minztee? Für die authentische Zubereitung werden zarte Triebe frischer Minze mit etwas grünem Tee und reichlich Zucker in einer dickbauchigen Metallkanne mit heißem Wasser aufgekocht, mehrmals in ein Glas und zurück in die Kanne geschüttet und anschließend kunstvoll in dünnem Strahl in die Gläser gegossen – zartgrün, aromatisch und herrlich erfrischend. Nach dieser kleinen Einstimmung kann das kulinarische Abenteuer beginnen: ein pikanter Orangensalat mit schwarzen Oliven und Fenchel, begleitet von aromatischem Couscous, der entweder würzig

**Teezeremonie**
*Man sagt, Marokko sei ein Land, das sein Wesen nur jenen offenbart, die sich die Muße gönnen, Wasser zu schöpfen, eine Kanne Tee aufzugießen und den Augenblick zu genießen*

Safranbällchen

Orangensalat mit Fenchel

### WALNUSS-FEIGEN-EIS
*Zutaten für 4 Personen: 500 ml Vanilleeis, 50 g in Rum eingelegte Rosinen, 50 g getrocknete Feigen, in Scheibchen geschnitten, 50 g gehackte Mandeln, 50 g Walnüsse, 2 EL kleingehacktes Orangeat, Zimtpulver, Nelkenpulver, geriebener Muskat, 8 EL Brandy.*
Zubereitung: Vanilleeis in 4 Glaskelche füllen. Rosinen, Feigen, Mandeln, Orangeat und Walnüsse auf das Eis geben. Brandy nach Belieben mit Zimt, Nelken und Muskat mischen. Jeweils 2 EL vom gewürzten Brandy über das Eis träufeln und sofort servieren.

*Intensive Farben, verführerische Düfte ...*
*... und ein Freudenfest für den Gaumen*

mit Fleisch und reichlich Gemüse – oder später süß und duftig als Dessert aufgetischt wird. Ein Klacks Kichererbsenpüree mit gutem Olivenöl. Eingelegte Zitronen dürfen bei keinem Mahl fehlen, denn sie runden die Gerichte mit ihrem würzig-frischen Aroma köstlich ab.

Ein marokkanisches Essen gleicht einem bunten Fest. Die Gäste sitzen um einen Tisch, auf dem ein großer Topf mit Couscous oder eine Tajine, ein Tontopf mit spitz zulaufendem Deckel, steht. In ihm werden die Hauptgerichte zubereitet und auch serviert. Zutaten und Gewürze garen darin langsam und auf kleiner Flamme und können sich auf diese Weise aufs Köstlichste verbinden. Oftmals sind diese teils prachtvoll bemalten Töpfe der Mittelpunkt der Tafel, umgeben von unzähligen facettenreichen Kleinigkeiten, Salaten, eingelegten Gemüsen und Soßen. Begleitet von knusprigem Brot, von dem sich jeder ein Stück abbricht, um es genüsslich einzutunken. Später zum Dessert werden dann die berühmten Süßigkeiten aufgetragen: Safranbällchen oder gefüllte Datteln – dazu ein Gläschen Mandelmilch, und Sie sind bestens eingestimmt auf eine Reise ins Land der aufregenden Aromen.

### GEFÜLLTE DATTELN MIT WALNÜSSEN

*Zutaten: 16 getrocknete Datteln, 16 Walnusshälften*
Zubereitung: Die Datteln abspülen, trockentupfen und der Länge nach an einer Seite aufschneiden. Steine entfernen und je eine Walnusshälfte einsetzen. Dazu passt ein Glas Mandelmilch.

### EINGELEGTE ZITRONEN

*Zutaten für 4 Gläser à 500 ml: 1 TL ganze Nelken, 12 Zitronen, unbehandelt, 200 g Salz, 8 frische Lorbeerblätter, ca. 1 l Olivenöl.*
Zubereitung. 8 Zitronen waschen und in Scheiben schneiden, mit Salz, Lorbeerblättern und Nelken in die Gläser schichten, fest andrücken. Über Nacht stehen lassen. Übrige Zitronen auspressen, Saft auf die Gläser verteilen und Früchte zum Schluss mit Öl vollständig bedecken (das Öl später als Zitronenöl verwenden). Zitronen 4 Wochen an einem kühlen, dunklen Ort ziehen lassen (bis zu 6 Monaten haltbar).

## Couscous

### Couscous
*ist ein sorgfältig gedämpfter Hartweizengrieß in den verschiedensten Geschmacksrichtungen, von herzhaft bis süß. In Nordafrika wird er in einer Couscousière, einem doppelstöckigen Topf, gegart. Sie können ihn aber auch mit kochendem Wasser übergießen und ausquellen lassen*

# Rezepte

### KICHERERBSEN-PÜREE

*Zutaten für 4 Personen:
350 g Kichererbsen, 3 Knoblauchzehen, Salz, 1/4 TL Kreuzkümmel, 150 g Tahin (Sesampaste aus dem Glas), Saft von 2 Zitronen, 4 EL Olivenöl, einige Zweige Petersilie, 50 g schwarze Oliven, Zitronenspalten.*

Zubereitung: Kichererbsen über Nacht einweichen, dann abgießen und in einem Topf mit frischem Wasser bedeckt ca. 40 Min. köcheln lassen. Kichererbsen in ein Sieb schütten und unter kaltem Wasser abspülen. Mit dem Pürierstab pürieren. Knoblauchzehen schälen und mit Salz fein zerreiben. Zu den Kichererbsen geben und mit Tahin, Zitronensaft, Kreuzkümmel mischen, mit Salz abschmecken und zugedeckt 30 Minuten kalt stellen. Petersilie waschen, trockenschütteln und die Blättchen abzupfen. Zum Servieren die Kichererbsenpaste in Schälchen anrichten, mit einem kleinen Löffel Vertiefungen eindrücken, Olivenöl hineinträufeln und mit einigen Oliven, Zitronenspalten und Petersilienblättchen garnieren. Dazu frisches Fladenbrot.

### SAFRANBÄLLCHEN

*Zutaten für 20–30 Safranbällchen: 125 ml Milch, 2 Msp. Safranpulver, 20 g Hefe (halber Würfel), 300 g Zucker, 300 g Mehl, 50 g Butter, 4 Eigelb, Saft von 1 Zitrone, 3 EL Rosenwasser, Öl zum Frittieren.*

Zubereitung. Milch erwärmen und mit Safran verrühren. Lauwarm abkühlen lassen, Hefe hineinbröckeln, mit 3 EL Zucker 15 Min. gehen lassen. Mehl in eine Schüssel geben, weiche Butter in Flöckchen dazugeben. Mit Hefeansatz und Eigelben in 8–10 Min. zu einem glatten Teig verkneten. Zugedeckt an einem warmen Ort 1 Std. gehen lassen. Inzwischen übrigen Zucker und 375 ml Wasser unter Rühren bei starker Hitze in 15 Min. zu einem Sirup einkochen lassen, Zitronensaft und Rosenwasser unterrühren. Den Teig durchkneten und zu 20 Bällchen formen. Diese im heißen Öl in ca. 5 Min. portionsweise goldgelb ausbacken. Auf Küchenpapier abtropfen lassen und im Sirup wenden.

### MANDELMILCH MIT PISTAZIEN

*Zutaten für 4 Personen: Für die Milch: 600 g gemahlene Mandeln, abgeriebene Schale von 1 unbehandelten Orange, 175 g Zucker.
Für die Garnitur: 2 EL Instant-Kakao, 2 EL Kokosraspel, 30 g Pistazienkerne.*

Zubereitung: Die gemahlenen Mandeln mit der Orangenschale in eine große Schüssel geben, mit etwa 1 1/2 l Wasser bedecken und 2 Std. einweichen. Die Flüssigkeit 2–3-mal über einem feinen Sieb in eine zweite Schüssel gießen. Abschließend noch durch ein Tuch filtern. Zum Schluss den Zucker in der Milch auflösen. Kakao und Kokosraspel mischen. Gläser in Wasser tauchen und feucht in die Mischung stülpen, so dass ein Kranz haften bleibt. Gläser mit der Mandelmilch füllen und ein wenig von der Kakao-Kokos-Mischung darüberstreuen. Pistazien hacken und als Dekoration verwenden.

### COUSCOUS

*Zutaten für 4 Personen: 400 g Couscous, 400 ml kochendes Wasser. Für den Sirup: 50 g Zucker, 1/4 l Wasser, 2 EL Zitronensaft, 2 EL Orangenblütenwasser, 2 EL Rosenwasser, 250 g getrocknete Aprikosen, 80 g Mandelstifte, 1 EL gehackte Petersilie.*

Zubereitung: Couscous mit kochendem Wasser übergießen und 5 Min. quellen lassen. Mit einer Gabel auflockern, warm stellen. Für den Sirup Zucker mit Wasser etwa 5 Min. stark kochen. Zitronensaft dazugießen, Orangenblüten- und Rosenwasser unterrühren. Abkühlen lassen, den Sirup über den Couscous träufeln, mit einer Gabel durchrühren. Aprikosen klein schneiden und unterrühren. Mandeln anrösten und mit der Petersilie unter den Couscous mengen.

### ORANGENSALAT MIT FENCHEL

*Zutaten für 4 Personen: 400 g Fenchelknollen, 2 unbehandelte Orangen, 1 Tasse schwarze Oliven, 4 EL Pflanzenöl, 2 EL Weißweinessig, 2 TL Zitronensaft, Salz, Pfeffer.*

Zubereitung: Den Fenchel waschen, Grün abschneiden und etwas für die Dekoration zurückbehalten, Knollen in feine Würfel schneiden. Orangen dick schälen, filetieren und dabei Saft auffangen. Oliven entkernen und in feine Streifen schneiden. Fenchel, Orangen und Oliven mischen. Aus Essig, Öl, Salz, Pfeffer, Orangen- und Zitronensaft eine Marinade rühren und darübergießen. Alles 20 Minuten ziehen lassen.

# Das schmeckt uns im
# September
### Spätsommerliche Genüsse

Artischockenflan mit Limetten ......................................... 132

Sherry-Gugelhupf mit Weintrauben ..................... 133

Blutwurst-Canapés............................................................. 135

Stockfisch-Canapés............................................................ 135

Oliven-Canapés.................................................................... 135

Kräuter-Ziegenrolle mit Antipasti................................ 135

Brezelgugelhupf mit Pfifferlingen ............................... 135

Apfelflammkuchen ............................................................ 140

Eierlikör-Apfel-Torte........................................................... 140

Apfelpfannkuchen............................................................. 140

Apfelstrudel........................................................................... 140

Apfelkuchen mit Kirschäpfeln....................................... 140

Würzige Canapés

# Spätsommer-Buffet

Eine üppige Tafel, goldenes Licht und die köstlichen Erinnerungen an ein wundervolles Gartenjahr

## Artischockenflan mit Limetten

### ARTISCHOCKENFLAN MIT LIMETTEN

*Zutaten für 4 Personen: 5 kleine zarte Artischocken, 2 Knoblauchzehen, 3 EL Olivenöl, Salz, Pfeffer aus der Mühle, Saft von 1 Zitrone, 4 Blatt Gelatine, Saft von 1/2 Limette, 150 ml Schlagsahne, 2–3 Limetten in dünnen Scheiben.*

Zubereitung: Die Artischocken waschen und putzen. Die äußeren harten Blätter alle entfernen (einige für die Garnitur zur Seite legen). Die Stielansätze abschneiden, schälen und in kleine Würfel schneiden. Die Artischocken achteln. Knoblauch schälen und fein hacken. Öl in einer hohen Pfanne erhitzen und die Artischocken und Stielansatzwürfel andünsten. Den Knoblauch dazugeben und mitdünsten. 250 ml Wasser und den Zitronensaft angießen. Zugedeckt ca. 20 Min. köcheln lassen, bis die Artischocken ganz weich sind. Mit Salz und Pfeffer abschmecken. Den gesamten Pfanneninhalt in den Mixer geben und fein pürieren. Anschließend durch ein Sieb in einen Topf streichen. Mit Salz, Pfeffer und etwas Limettensaft erneut abschmecken. Gelatine in kaltem Wasser einweichen. Das Artischockenpüree leicht erwärmen und die abgetropfte Gelatine darin auflösen. Die Sahne steif schlagen und unter das abgekühlte Artischockenpüree heben. 4 Förmchen mit der Creme füllen und im Kühlschrank in ca. 2–3 Std. fest werden lassen. Vor dem Präsentieren auf Teller stürzen und mit Artischockenblättern (am besten gekocht) und dünnen Limettenscheiben garniert servieren.

### Sinnliche Details
*Kerzen flackern im Wind beim romantischen Dinner im Freien. Sie werden durch lockere Kränze aus Rosmarin und Salbei schön in Szene gesetzt und verbreiten so verziert einen herrlichen Duft*

Die Sommerfrischler sind heimgekehrt, hier und da verfärbt sich ein Blatt, und im Garten erwartet uns eine stimmungsvolle Szenerie. Zur Tag- und Nachtgleiche am 22. September geht der Sommer, zumindest auf dem Kalenderblatt, aber er geht gewöhnlich nicht, ohne sich mit einem opulenten Finale zu verabschieden. Jetzt zeigt sich der ganze Charme des Septembers. Die Szenerie mit goldenem Licht und gedeckten Tönen inspiriert zu einer romantischen Tafel für einen genüsslichen Imbiss unter freiem Himmel. Schließlich kann man von den Logenplätzen der Terrasse aus die leisen Veränderungen im Garten am besten verfolgen. Zu diesem Anlass präsentiert sich der Tisch im ländlichen Stil mit rustikalen Schalen und Leuchtern. Myrte-Hochstämmchen, dazu Kräutertöpfe in unterschiedlichen Größen und Formen mit Rosmarin, Thymian und Lavendel schmücken obendrein, wie zufällig hingestellt unterstreichen sie den sinnlich-lockeren Eindruck. Für die Tafelrunde kann eine herrliche Reise durch die Aromen beginnen,

Sherrygugelhupf mit Weintrauben

*Noch einmal aus dem Vollen schöpfen ...*

denn die Dekoration lädt dazu ein, dem Essen ganz nach persönlichem Gusto eine interessante Note zu verleihen. Eine Mischung aus Rosmarinzweigen und Salbeiblättern findet sich auch um die brennenden Kerzen drapiert. Sie verbreiten mit fortschreitendem Niederbrennen einen herrlichen Duft. Das wahre Glück aber verheißen die reifen Früchte, die sich mit der Spätsommersonne vollgesogen haben.

### Karamellisierte Traubenspieße

*600 g weiße und blaue Trauben waschen und abzupfen, abwechselnd auf 8 Spieße stecken. 8 EL Zucker in einer breiten Pfanne bei geringer Hitze zum Schmelzen bringen. Die Spieße von allen Seiten im Karamell wenden, herausheben und trocknen lassen, sofort servieren*

### SHERRY-GUGELHUPF MIT WEINTRAUBEN

*Zutaten für 1 Gugelhupf (8 Stücke): 400 g Mehl, 1 Pck. Trockenhefe, 1 Prise Salz, etwas abgeriebene Zitronenschale, 150 ml Milch, 150 g Butter, 50 g Zucker, 4 Eier, Butter für die Form, 1/8 l Sherry, 1/8 l Traubensaft (weiß), 500 g kernlose Trauben.*

Zubereitung: Mehl mit Hefe, Salz und Zitronenschale mischen. Milch, warme Butter und Zucker mit Eiern zugeben, zu einem dickflüssigen Teig verkneten. Etwa 30 Min. gehen lassen. Anschließend noch mal durchkneten und in die gebutterte Form geben. Wieder 30 Min. gehen lassen. Im vorgeheizten Ofen bei 180 Grad Umluft ca. 40 Min. backen. Dann kurz ruhen lassen, aus der Form stürzen und lauwarm abkühlen lassen. Sherry mit Traubensaft erhitzen und Kuchen damit tränken. Weintrauben in die Mitte füllen und nach Belieben mit angeschlagener Sahne oder Weinschaum servieren.

## Brezelgugelhupf mit Pfifferlingen

**Raffinierte Schöpfungen**
*haben manchmal eine überraschend simple Grundlage. Hier sind es Brezeln (Sie können die vom Vortag verwenden), die mit allerlei Kräutern, Pfifferlingen und Sahne eine Renaissance als würziger Gugelhupf erleben*

## Kräuter-Ziegenrolle mit Antipasti

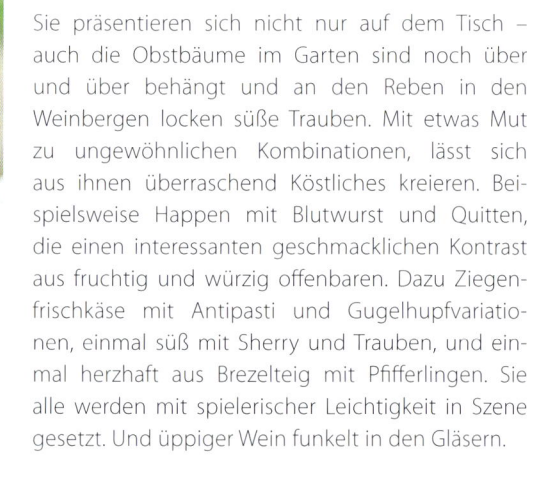

**Fest der Farben**
*Der Spätsommer ist die schillerndste Zeit: Letzte Blüten wetteifern mit farbenprächtigen Früchten, und auf der Terrasse erleben wir bei köstlichen Leckereien das Landleben von seiner schönsten Seite*

Sie präsentieren sich nicht nur auf dem Tisch – auch die Obstbäume im Garten sind noch über und über behängt und an den Reben in den Weinbergen locken süße Trauben. Mit etwas Mut zu ungewöhnlichen Kombinationen, lässt sich aus ihnen überraschend Köstliches kreieren. Beispielsweise Happen mit Blutwurst und Quitten, die einen interessanten geschmacklichen Kontrast aus fruchtig und würzig offenbaren. Dazu Ziegenfrischkäse mit Antipasti und Gugelhupfvariationen, einmal süß mit Sherry und Trauben, und einmal herzhaft aus Brezelteig mit Pfifferlingen. Sie alle werden mit spielerischer Leichtigkeit in Szene gesetzt. Und üppiger Wein funkelt in den Gläsern.

# Rezepte

## BLUTWURST-CANAPÉS

*Zutaten für jeweils 8 Stück: 250 g Blutwurst, 8 Scheiben Baguette, 1 Quitte, 200 ml Weißwein, 1 Zweig Rosmarin, 30 g Zucker, 1 EL Öl.*
Zubereitung: Quitte schälen, vierteln, entkernen und grob würfeln. Mit Zucker, Weißwein und Rosmarin in einem kleinen Topf zugedeckt aufkochen lassen. Etwa 25 Min. leicht köcheln lassen. Anschließend mit 3–4 EL vom Kochsud pürieren, abkühlen lassen. Blutwurst pellen und in ca. 0,5 cm dicke Scheiben schneiden. In einer beschichteten Pfanne in heißem Öl kurz von beiden Seiten anbraten. Auf die Brotscheiben legen und mit Quittenmus bestrichen servieren.

## STOCKFISCH-CANAPÉS

*Zutaten für jeweils 8 Stück: 250 g Stockfisch (3 Tage gewässert), 1 Schalotte fein gewürfelt, 1 Knoblauchzehe fein gehackt, 120 g Kartoffelwürfel, 3 EL Olivenöl, 1 Lorbeerblatt, 100 ml Sherry, 200 ml Fischfond, 4 getrocknete Feigen, 2 TL Zitronensaft, 8 Scheiben Baguette, Salz, Pfeffer*
Zubereitung: Schalotte und Knoblauch in heißem Öl anschwitzen, Kartoffeln, zerbröckelten Stockfisch und Lorbeer zugeben. Mit Sherry ablöschen und mit Fond aufgießen. Ca. 15 Min. leise schmoren lassen, bis die Kartoffeln gar sind. Abkühlen lassen und durch ein Sieb gießen, Sud dabei auffangen. Lorbeerblatt herausnehmen. Feigen in dünne Scheiben schneiden. Stockfisch mit Kartoffeln und 120 ml Sud fein pürieren. Mit Zitronensaft, Salz und Pfeffer abschmecken. Baguette damit bestreichen und mit Feigen belegt garnieren.

## OLIVEN-CANAPÉS

*Zutaten für 8 Stück: 200 g schwarze Oliven, entsteint, 30 g getrocknete, in Öl eingelegte Tomaten, Basilikumblättchen, 2 EL Olivenöl, 8 Scheiben Baguette.*
Zubereitung: Tomaten gut abtropfen lassen und fein würfeln. Mit Oliven und einigen Basilikumblättchen pürieren. Olivenöl zugeben und Baguette damit bestreichen. Mit Basilikumblättchen garniert servieren.

### Trauben & Blauschimmelkäse
*Ein Traumpaar auf jedem Spätsommerbuffet, das mit der Kombination aus süßen und würzigen Aromen verführt*

## KRÄUTER-ZIEGENROLLE MIT ANTIPASTI

Ziegenfrischkäse mit frischen, sehr fein gehackten Kräutern wie Rosmarin, Thymian, Oregano usw. je nach Geschmack unterrühren. Wenn die Masse zu fest ist, evtl. 1–2 EL Sahne oder Crème fraîche dazugeben, vermengen, wieder zu einer Rolle formen und dann wieder in Scheiben schneiden. Auf dem Teller mit verschiedenen Antipasti aus dem Feinkosthandel ergänzen bzw. dekorieren.

## BREZELGUGELHUPF MIT PFIFFERLINGEN

*Zutaten für 4 Personen: 400 g altbackene, gewürfelte Brezeln, 0,5 l heiße Milch, 1 gewürfelte Zwiebel, 50 g Butter, Salz, Pfeffer, 3 EL gehackte Petersilie, 4 Eigelbe, 4 Eiweiße, 3 EL Olivenöl, 2 EL Butter, 1 fein gewürfelte Zwiebel, 1 gehackte Knoblauchzehe, 500 g Pfifferlinge, 300 ml Fleischbrühe, 100 ml Sahne, 1 Becher Crème fraîche, etwas Petersilie.*
Zubereitung: Brezelwürfel mit Milch überbrühen, ziehen lassen. Zwiebelwürfel in heißer Butter anschwitzen, zu den Brezeln geben. Eigelbe und Petersilie untermengen. Geschlagenes Eiweiß unterziehen, mit Salz und Pfeffer würzen. Form mit Butter einstreichen, Masse einfüllen. Im vorgeheizten Ofen bei 160 Grad Umluft ca. 30–40 Min. backen. Ruhen lassen, aus der Form stürzen. Pfifferlinge putzen, in heißem Öl kurz und kräftig anbraten. Herausnehmen, Knoblauch und Zwiebel in Butter anschwitzen und Fond angießen, etwas einkochen lassen, Sahne zugeben und sämig reduzieren lassen. Pilze wieder zugeben, mit Salz und Pfeffer abschmecken, Crème fraîche einrühren und zum Gugelhupf servieren. Mit Petersilie bestreuen.

**Es duftet unterm Blätterdach**
*Ein sonniger Nachmittag, frisch gebrühter Kaffee und der Duft nach ofenwarmen Apfelkuchen, wer wird da nicht schwach? Das Rezept für den geliebten Strudel gehört schon mindestens so lange zur Familie wie der knorrige Apfelbaum, der in jedem Herbst die köstlichen Zutaten dafür liefert*

**Purpur, Pink und Violett**
*Die Farbwelt des Gartens zur Erntezeit kennt tausend Nuancen, und wir genießen den Anblick von strahlenden Apfelbäckchen und luftigen Dahlienblüten in leuchtender Galarobe*

Apfelflammkuchen

# Apfellust
## und Dahlienzauber

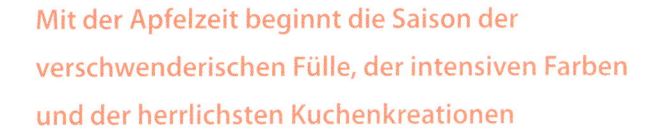

**Mit der Apfelzeit beginnt die Saison der verschwenderischen Fülle, der intensiven Farben und der herrlichsten Kuchenkreationen**

Spielend leicht fasziniert uns jedes Jahr am Ende des Sommers das gleiche Schauspiel: Farbenprächtige Nuancen von Purpurrot über Blassgrün und Gold übernehmen das Regiment, und der Garten hinter dem Haus präsentiert sich als Oase der Köstlichkeiten. Mittelpunkt ist der Apfelbaum, alt und knorrig und beängstigend schräg gewachsen steht er da – doch seine Zweige biegen sich unter Hunderten von rot glänzenden, saftigen Früchten. Kein Apfel aus dem Laden könnte ihnen an Duft und Aroma das Wasser reichen und ein ofenwarmer, selbstgebackener Kuchen mit solchen hauseigenen Schätzen gehört zu den sinnlichsten Genüssen auf

## Apfelpfannkuchen

**Unwiderstehlich!**
*Wer diesen Pfannkuchen einmal in sein kulinarisches Repertoire aufgenommen hat, der wird ihn bei passender Gelegenheit immer wieder für Überraschungsgäste zaubern. Der Teig ist in Windeseile gerührt und die warmen Apfelspalten verströmen mit Staubzucker überpudert einen herrlichen Duft*

## Ode an ein Lieblingsobst

**Verehrtes Kernobst**
*Ist der Apfel nicht eine vollendete Frucht? Herrlich verlockend präsentiert er sich auch auf dem Geschirr*

**Endlich Erntezeit**
*Sie sind die heimlichen Stars unter den Früchten und warten mit ihrem Auftritt bis zum Finale: Vom Spätsommer bis in den Oktober hinein wird das knackige Kernobst vom Baum geholt. Die Sorten unterscheiden sich in Säuregehalt, Konsistenz, Form und Farbe. Es lohnt sich, ihre Vielfalt kennenzulernen!*

dem Spätsommertisch. Sein Geschmack bleibt in der Erinnerung haften und so mancher Kuchenbäcker hat schon verzweifelt nach Notizen zu Großmutters wunderbarem Apfelkuchen gefahndet, dessen Duft die ganze Großfamilie in Windeseile zur nachmittäglichen Kaffeestunde an die Gartentafel gelockt hat. Was mag wohl das Geheimnis dieses Kuchens gewesen sein? Seine liebevolle Zubereitung oder ein besonderes Gewürz? Erfahrene Bäcker wissen: Die richtige Sorte spielt häufig eine Schlüsselrolle. Sehr gut eignen sich herb-säuerliche Klassiker wie Boskop oder Elstar zum Backen, aber auch ein Gravensteiner, der schon im August zur Reife kommt und bei herrlichstem Aroma leider nicht sehr lange lagerfähig ist. Da bietet sich die „Kuchenveredlung" förmlich an! Ofenfrisches Backwerk hat einfach eine unwiderstehliche Anziehungskraft und mit solchen Verführungskünstlern und der passenden Staffage wird der Nachmittag im Garten zum Fest! Wir haben dafür schneeweiße

## Apfelstrudel

## Eierlikör-Apfel-Torte

**Weltstar aus dem Garten**
*Der Apfel ist eine schillernde Frucht, das zeigt sich schon an seinem Äußeren: Er glänzt in intensiven Farben und neben seinem köstlichen Wesen gilt er als Symbol für Liebe und Fruchtbarkeit, für Jugend und Schönheit*

Gartenbänke im viktorianischen Stil unterm Apfelbaum aufgestellt, frisch geschnittene Dahlien in ihrer ganzen wunderbaren Farbpalette arrangiert und den Tisch mit einem historisch anmutenden Apfelgeschirr gedeckt, das aus einer kleinen englischen Manufaktur stammt. Dazu zaubert die goldene Septembersonne mit ihren sanften Strahlen romantische Lichtstimmungen. In solchen Momenten ist der „Weltstar" unter den Obstsorten ganz in seinem Element – denn wann hat der Apfel schon eine bessere Gelegenheit, so begehrenswert im Rampenlicht zu stehen?

### APFELKUCHEN MIT KIRSCHÄPFELN
*Zutaten für eine Springform von 24 cm: 250 g Mehl, 75 g Zucker, 1 Prise Salz, 1 Ei, 125 g kalte Butter, 600 g Äpfel, 100 g Apfelgelee, 150 g Haselnusskrokant, Kirschäpfel als Dekoration.*
Zubereitung: Mehl mit Zucker, Salz, Ei und der kalten Butter mit einem langen Messer auf der Arbeitsfläche durchhacken und dann mit den Händen zu einem Mürbeteig verkneten. In Folie gewickelt etwa eine Stunde kühl stellen. Die Äpfel waschen, von Kerngehäuse befreien und in Spalten schneiden.
Eine Springform einfetten und mit Mehl ausstäuben. Backofen auf 200 Grad vorheizen. Teig dünn ausrollen und die Form damit auskleiden, dabei einen etwa 4 cm hohen Rand formen. Die Apfelstücke dicht an dicht auf den Boden legen und den Kuchen etwa 45 Min. backen. Noch warm mit Apfelgelee bestreichen, auch den Rand rundherum und ihn dann mit Haselnusskrokant verzieren. Nach Belieben mit Kirschäpfeln verzieren.

# Rezepte

### APFELFLAMMKUCHEN
*Zutaten für 4 Personen: 6 Äpfel, Saft und abgeriebene Schale von 1 Zitrone, 3 EL Zucker, 125 g Crème fraîche, 150 g Sauerrahm, 2 EL Calvados, 330 g Blätterteig, 2 EL Zucker.*

Zubereitung: Äpfel schälen, Kerngehäuse entfernen, Früchte in Spalten schneiden und mit Zitronensaft, Zitronenschale und 2 EL Zucker vermischen. Blätterteig aufeinander legen, rund ausrollen und auf ein mit Backpapier belegtes Backblech geben. Crème fraîche mit Sauerrahm und Calvados verrühren, dann auf dem vorbereiteten Blätterteig verteilen. Apfelspalten darauf geben und mit dem restlichen Zucker bestreuen. Im vorgeheizten Backofen bei 190 Grad ca. 20 Min. backen.

### APFELSTRUDEL
*Zutaten für 1 Strudel: 250 g Mehl, 1 Prise Salz, 1 Ei, 150 g zerlassene Butter, 100 ml lauwarme Milch, 1 kg säuerliche Äpfel, Saft von 1 Zitrone, 200 g gemahlene Haselnüsse, 50 g Rosinen, 50 g gehackte Mandeln, 125 g Zucker, 1 TL Zimt, Puderzucker zum Bestäuben.*

Zubereitung: Mehl mit Salz, Ei, 3 EL zerlassener Butter und der lauwarmen Milch verkneten und dann mit den Händen auf der Arbeitsfläche mindestens 10 Min. kräftig durchkneten. Dann in Frischhaltefolie wickeln, mit einer angewärmten Schüssel abdecken und etwa 1 Std. ruhen lassen. Inzwischen die Äpfel schälen, vierteln und das Kerngehäuse herausschneiden, Apfelspalten quer in feine Scheibchen schneiden, mit dem Zitronensaft beträufeln. Nüsse ohne Fett in der Pfanne anrösten. Backofen auf 200 Grad vorheizen. Backblech einfetten, ein großes Küchentuch dünn mit Mehl einstäuben. Teil auf dem Küchentuch so dünn wie möglich ausrollen. Mit dem Pinsel etwas zerlassene Butter aufstreichen, dann den Teig vorsichtig zu einem 60 x 80 cm großen Rechteck ausziehen. Zimt und Zucker mischen. Nüsse, Apfelscheiben und Rosinen darauf verteilen und die Zucker-Zimt-Mischung darauf streuen. Den Teig von den Seiten her knapp über die Füllung klappen. Dann von der breiten Seite her durch Anheben des Tuches langsam aufrollen. Mit restlicher zerlassener Butter bepinseln und in etwa 40 Min. goldgelb backen und lauwarm mit Puderzucker bestäubt servieren.

### APFELPFANNKUCHEN
*Zutaten für 4 Portionen: 200 g Mehl, 1 Prise Salz, 4 Eier, 250 ml Milch, 1/8 l Mineralwasser mit Kohlensäure, 8 säuerliche Äpfel, Saft einer halben Zitrone, 6 EL Öl, 75 g Zucker, Puderzucker zum Bestäuben.*

Zubereitung: Mehl, Salz, 2 Eier, 2 Eigelb, Milch und 1/8 l Wasser zu einem Teig verrühren, 20 Min. ruhen lassen. Äpfel waschen, entkernen, in 1 cm dicke Ringe schneiden und mit Zitronensaft beträufeln. Eiweiß steif schlagen und vorsichtig unter den Teig heben. Öl in einer großen Pfanne erhitzen, etwas Teig hinein geben, Apfelringe darüber verteilen. Apfelpfannkuchen bei mittlerer Hitze backen. Vor dem Servieren mit Puderzucker bestäuben.

### EIERLIKÖR-APFEL-TORTE
*Zutaten für 1 Springform von 26 cm Durchmesser: Mürbeteig: 250 g Mehl, 1 TL Backpulver, 100 g kalte Butter in Flöckchen, 75 g Zucker, 1 Ei. Für den Belag: 1 kg säuerliche Äpfel (z.B. Boskop), 10 EL Zitronensaft. Füllung: 500 g Vanillepudding, 500 ml Apfelsaft, 500 ml trockener Weißwein, 175 g Zucker, 1 Pck. Vanillezucker. 2. Füllung: 200 g Sahne, 1 Pck. Sahnesteif, 1 Päckchen Vanillezucker, 100 ml Eierlikör. Dekoration: 1 Apfel, 1 TL Zitronensaft.*

Zubereitung: Das Mehl mit Backpulver in eine Schüssel sieben. Mit Butter, Zucker und Ei verkneten. Den Teig in Frischhaltefolie wickeln und 30 Min. kühl stellen. Äpfel schälen, das Kerngehäuse entfernen, vierteln und jeweils dreimal mit einem Messer der Länge nach einritzen. Mit Zitronensaft beträufeln. Die Backform mit Backpapier belegen. Den Teig ausrollen und in die Form legen. Den Teigboden mit den Apfelstücken dicht belegen. Den Backofen vorheizen. Aus Puddingpulver, Apfelsaft, Wein, Zucker und Vanillezucker nach Packungsangaben einen Pudding kochen. Noch heiß auf den Äpfeln verstreichen. Die Apfeltorte im Ofen bei 175 Grad 1 Std. backen. Abkühlen lassen. Aus der Form lösen und am besten über Nacht auf einem Kuchengitter auskühlen lassen. Die Sahne mit Sahnesteif und Vanillezucker steif schlagen. Wolkenartig auf der Torte verteilen. Den Eierlikör in einen Gefrierbeutel füllen, eine winzige Ecke abschneiden und den Likör in dünnen Linien über die Sahne träufeln. Kurz vor dem Servieren den Apfel waschen und abtrocknen, nicht schälen. Dünn in ganze Scheiben schneiden, das Kerngehäuse nicht entfernen. Die Apfelscheiben mit Zitronensaft beträufeln, abtropfen lassen und die Torte damit garnieren.

## Das schmeckt uns im
# Oktober
### Herbstliche Gaumenfreuden

| | |
|---|---:|
| Pilzcremesuppe | 145 |
| Kürbis-Flammkuchen | 145 |
| Torta Tedesca | 145 |
| Schweineschnitzel mit Feigen | 145 |
| Sekt-Cocktail | 147 |
| Wodka-Feigen-Cocktail | 147 |
| Mini-Traubenmuffins | 147 |
| Bayerische Creme mit Holunderbeeren | 147 |
| Wildschweinrücken mit Rotkohl | 152 |
| Rotkohl mit Schinkenäpfeln | 152 |
| Rotkohlstrudel mit Entenbrust | 152 |
| Rotkohl-Zwiebel-Tartes | 152 |

**Inspiriert von Abenteuerlust**
Ein Ort, der die Fantasie beflügelt, sind die Reben allemal. Als ausdauernde Schlingpflanze wächst der Wein über unserer Tafel wie ein dichter Dschungel. Über die saftigen Trauben wacht der Winzer – und unser aufmerksamer Leopard aus Keramik

# Rezepte für den *Herbst*

Pilzcremesuppe

Kürbis-Flammkuchen

Torta Tedesca

**Der Blättervorhang hebt sich für eine stimmungsvolle Tafelrunde im märchenhaften Rebenland, mit neuem Wein und feiner Kulinarik**

„Nehmen Sie doch eine Traube", forderte eine Gastgeberin Jean-Anthelme Brillat-Savarin (1755–1826) auf. „Danke, nein", soll jener entgegnet haben, „ich nehme meinen Wein nie in Pillenform zu mir." Dabei ist der Herbst die schönste Zeit, um neue Bekanntschaften zu machen: mit vollreifen Trauben verschiedener Sorten, aber auch mit duftenden Pilzen, Holunderbeeren, Zwetschgen und Feigen. Sie alle üben jetzt eine besondere Anziehungskraft aus, denn sie konzentrieren wie der Wein die Aromen des Sommers in sich. In ganz einfachen Gerichten kommen sie am schönsten zur Geltung. Abschiedsschmerz kommt bei diesem Defilee kaum auf, wenn die Natur wie in Feierlaune in ihrem goldenen Licht ruht. Unsere Tafel haben wir mitten in einem Weinberg hergerichtet, denn in den Reben ist es in diesen letzten milden Tagen atemberaubend schön. Es ist völlig still, nur das Laub raschelt und die würzigen Düfte, die plötzlich in der Luft liegen, rufen

143

## Schweineschnitzel mit Feigen

**Im neuen Gewand**

*Wenn der Sommer geht, regieren die betörenden Farben: Die malerischen Trauben galten seit jeher als Zeichen des Überflusses. Dekorativ schmiegen sie sich an das „Blattwerk" des italienischen Steingutgeschirrs*

süße Erinnerungen wach. Eine wahrhaft erhabene Landschaft, wenn man oben steht, mit entsprechender Aussicht. Doch auch die kleinen Wunder in unmittelbarer Nähe sind beeindruckend. Sprudelnde Perlen tanzen im Glas und becircen süße Trauben. Und erst die vielschichtigen Aromen auf der Zunge! Die prallen Trauben arbeiten mit ihren wertvollen Vitalstoffen für die Gesundheit, ebenso wie die roten Holunderbeeren. Auch Feigen reifen im Weinbauklima und passen hervorragend zu gebratenem Fleisch oder Käse. Dazu ein knuspriger Kürbis-Flammkuchen und eine süßer Nachtisch. Wir sind sicher, dass diese ganz einfache Kulinarik mit frischen Zutaten die Herzen Ihrer Gäste im Sturm erobert. Für uns endet diese kleine Geschmacksreise in das Land der Reben mit einem letzten Löffel Dessert und einer Prise Sehnsucht – einem Gefühl, so wunderbar, dass man es am liebsten in Flaschen abfüllen möchte!

*Das Glück des Oktobers besteht aus reifen Früchten*

# Rezepte

### PILZCREMESUPPE
*Zutaten für 4 Personen:*
*1 Zwiebel, 2 Knoblauchzehen,*
*3 EL Butter, 100 g Champignons,*
*100 g Shiitakepilze, 2 EL Mehl,*
*Salz, Pfeffer aus der Mühle,*
*gemahlener Muskat, 4 cl trockener*
*Sherry, 800 ml Geflügelbrühe,*
*100 ml Sahne, 2 EL Crème fraîche,*
*Petersilienblätter für die Garnitur.*

Zubereitung: Champignons und Shiitakepilze putzen und in Scheiben schneiden. Zwiebel und Knoblauch schälen und fein hacken. In heißer Butter anschwitzen. Pilze zugeben und mit anbraten. Mit Mehl bestäuben und mit der Brühe ablöschen. Unter gelegentlichem Rühren ca. 20 Min. köcheln lassen. Dann einige Shiitakepilze für die Garnitur herausnehmen und die Suppe fein pürieren, Sahne, Sherry und Crème fraîche zugeben, aufkochen und mit Salz und Pfeffer aus der Mühle abschmecken. In vorgewärmte Suppenschüsseln füllen und die beiseitegelegten Pilze darauflegen. Mit Petersilie garniert servieren. Nach Belieben Käsegebäck dazureichen.

### KÜRBIS-FLAMMKUCHEN
*Zutaten für 4 Personen: Für den*
*Teig: 400 g Mehl, 1 TL Salz,*
*1 Msp. Zucker, 1 EL Trockenhefe.*
*Für den Belag: 200 g Schafskäse*
*(Feta), 200 g Hokkaido-Kürbis,*
*2 rote Zwiebeln, 200 g Sauerrahm,*
*1 Eigelb, Salz, weißer Pfeffer aus*
*der Mühle, 1 Prise Muskatnuss,*
*3–4 EL Kürbiskernöl, Petersilie*
*zum Bestreuen.*

Zubereitung: Für den Teig das Mehl mit Hefe, Salz und Zucker mischen und mit etwa 250 ml lauwarmem Wasser zu einem Teig kneten. Abgedeckt an einem warmen Ort ca. 1 Stunde gehen lassen. Den Backofen mit einem eingeschobenen Backblech auf 250 Grad (Ober-/Unterhitze) vorheizen. Den Teig auf einer leicht bemehlten Arbeitsfläche zu 8 dünnen Fladen ausrollen und diese auf Backpapier legen. Den Käse zerbröckeln. Den Kürbis in 1–2 mm dünne Scheiben hobeln. Die Zwiebeln schälen und in Spalten schneiden. Den Sauerrahm mit Eigelb, Salz, Pfeffer und Muskatnuss verrühren und die Mischung auf die Teigfladen streichen. Die Kürbisscheiben und die Zwiebeln darauflegen, den Käse darüberstreuen und mit dem Kürbiskernöl beträufeln. Das Backblech aus dem Ofen nehmen, das Backpapier mit den Teigfladen daraufziehen und diese im vorgeheizten Backofen ca. 10–12 Min. goldbraun backen.

### TORTA TEDESCA
*Zutaten für 1 Springform von*
*18 cm Ø: 125 g weiche Butter,*
*100 g Zucker, 2 Eier, 80 g Grieß,*
*1 TL Backpulver, 50 ml Vin Santo,*
*Saft und abgeriebene Schale einer*
*½ Bio-Zitrone, ½ Pck. Vanille-*
*puddingpulver, 500 g Quark,*
*Butter und Mehl für die Form.*
*Garnitur: einige Weintrauben und*
*Puderzucker.*

Zubereitung: Den Boden der Springform fetten und mit Mehl bestäuben. Die Butter in Stückchen in eine Rührschüssel geben. Mit den Quirlen des Rührgeräts cremig rühren, Zucker, Eier, Vin Santo, Zitronensaft und -schale dazugeben und alles so lange rühren, bis die Masse cremig ist. Grieß, Backpulver und Puddingpulver vermischen und unterrühren, dann den Quark unterziehen. Den Teig in die vorbereitete Form füllen und glattstreichen. Im vorgeheizten Backofen (180 Grad Umluft, untere Schiene) ca. 45 Minuten goldgelb backen. Herausnehmen, den Kuchen einige Minuten in der Form abkühlen lassen. Dann auf ein Kuchengitter stürzen und das Backpapier abziehen, Kuchen umdrehen und ganz auskühlen lassen. Mit Weintrauben garnieren und mit Puderzucker bestäubt servieren

### SCHWEINESCHNITZEL MIT FEIGEN
*Zutaten für 2 Personen:*
*4 Schweineschnitzel à ca. 60 g,*
*12 Feigen, 2 EL Butter, 2 EL*
*gehackte Pistazien, 50 ml Marsala,*
*1 TL Honig, 50 ml Kalbsfond,*
*1 EL gehackte Petersilie, Salz,*
*Pfeffer aus der Mühle.*

Zubereitung: Die Feigen waschen und vierteln. Schnitzel zwischen Klarsichtfolie flach klopfen (etwa 0,5 cm dick). Salzen, pfeffern und in heißer Butter kurz von jeder Seite anbraten. Herausnehmen und den Bratensatz mit Marsala und Fond ablöschen. Feigen einlegen, Honig zugeben und bei mittlerer Hitze um etwa die Hälfte einreduzieren lassen. Dann das Fleisch wieder einlegen und bei geringer Hitze ca. 1–2 Min. gar ziehen lassen. Fleisch dabei einmal wenden. Petersilie zugeben und Soße mit Salz und Pfeffer abschmecken. Dann die Feigen und das Fleisch dekorativ auf vorgewärmte Teller schichten und mit Pistazien bestreut servieren.

Traubenmuffins

**Herbstlicher Zauber**
*Nun gilt es nicht nur Vorräte anzulegen, sondern auch Eindrücke zu speichern, die selten so intensiv sind wie jetzt. Die verspielte Opulenz einer Tafel in den Reben wird ganz sicher in der Erinnerung verweilen*

*Tischtheater: ein letzter Akt im Freien*

Sekt-Cocktail

Wodka-Feigen-Cocktail

# Rezepte

### SEKT-COCKTAIL
*Zutaten für 4 Gläser: 2 Feigen, 6 EL weißer Portwein, 2 TL Puderzucker, 400 ml eiskalter trockener Sekt oder Champagner, ca. 8 Eiswürfel.*
Zubereitung: Die Feigen waschen, halbieren und die Schnittflächen mit Puderzucker bestäuben, im Portwein marinieren und 15–30 Min. im Kühlschrank ziehen lassen. Die Gläser mit Eiswürfeln füllen, den Sekt aufgießen und die Feigenhälften darauf anrichten, den restlichen Portwein darüberträufeln und servieren.

### WODKA-FEIGEN-COCKTAIL
*Zutaten für 4 Gläser: 100–120 g Cantaloupe-Melonen-Fruchtfleisch, 1–2 TL Grenadine, 4 EL Crushed Ice, Wodka-Feige (eisgekühlt) zum Aufgießen, Eiswürfel, 1 Feige in Spalten.*
Zubereitung: Das Melonenfruchtfleisch mit Crushed Ice und Grenadine in einen Mixer geben und fein pürieren, auf die 4 Gläser verteilen, Eiswürfel und einen Spalt Feige zugeben, mit Wodka-Feige aufgießen und servieren.

### MINI-TRAUBENMUFFINS
*Zutaten für ca. 24 Stück: 100 g Zitronenbutterkekse (oder andere Butterkekse), 50 g Butter, 250 g Magerquark, 75 g Crème fraîche 75 g Zucker, 1 Pck. Vanillezucker, 2 Eier (getrennt), ½ Pck. Vanillepuddingpulver, ¼ TL abgeriebene Zitronenschale, 1 Prise Salz, gehackte geschälte Mandeln zum Bestreuen, 24 große rote Trauben, Puderzucker zum Bestäuben.*
Zubereitung: Den Backofen auf 175 Grad (Ober-/Unterhitze) vorheizen. Die Mulden von zwei 12er Mini-Muffinblechen mit Butter ausfetten. Die Kekse zerkrümeln. Die Butter schmelzen und die Keksekrümel untermischen. Die Keksmischung als Boden auf die Muffinmulden verteilen. Festdrücken. Quark mit Crème fraîche, Zucker, Vanillezucker verrühren. Die Eigelbe, das Puddingpulver und die Zitronenschale daruntermischen. Die Eiweiße mit dem Salz steif schlagen und unter die Quarkmasse ziehen. Die Quarkmasse mit einem Teelöffel gleichmäßig in die 24 Mini-Mulden füllen. Jeden Muffin mit Mandeln bestreuen und mit einer Traube belegen. Die Mini-Muffins im vorgeheizten Ofen 10–15 Minuten backen. Den Ofen ausschalten und die Muffins noch 5 Min. darin ruhen lassen. Aus dem Ofen nehmen, ein paar Minuten in der Form abkühlen lassen, dann vorsichtig aus der Form stürzen und auf einem Kuchengitter ganz auskühlen lassen. Mit Puderzucker bestäuben und servieren.

### BAYERISCHE CREME MIT HOLUNDERBEEREN
*Zutaten für 6 Personen: ½ l Milch, 1 Vanilleschote, 8 Blatt weiße Gelatine, 5 Eigelb, 120 g Zucker, 400 ml Sahne, 200 g Holunderbeeren, 500 g entsteinte, geviertelte Zwetschgen, Saft einer ½ Zitrone, 4 EL und 1 TL Holundersirup.*
Zubereitung: Holunderbeeren mit 4 EL Sirup und Zitronensaft aufkochen lassen, unter die Zwetschgen mengen, abkühlen lassen und in Gläser füllen. Milch zum Kochen bringen. Mark der Vanilleschote herauskratzen und mit der Schote in der Milch erwärmen. Gelatine in kaltem Wasser einweichen. Eigelbe mit dem Zucker über einem heißen Wasserbad so lange schlagen, bis die Masse weiß-cremig ist. Schote aus der Milch nehmen und diese langsam unter die Eimasse rühren. Erneut überm heißen Wasserbad aufschlagen, aber nicht kochen! Gelatine ausdrücken, nach und nach in der heißen Creme unter Rühren auflösen. 1 TL Holundersirup unterziehen. Die Creme in eine Schüssel mit Eiswasser stellen, unter Rühren erkalten lassen. Sahne steif schlagen, kurz bevor die Creme zu gelieren beginnt, unterziehen. Auf die Fruchtmasse in die Gläser füllen, vor dem Servieren mindestens 2 Stunden kalt stellen.

**Geheimnisvolle Feldschönheit**
*Sie sind von einer nahezu unwirklichen Eleganz, filigran geschwungen wie Blütenblätter mit einer intensiv violetten Farbe – und doch sehen wir diese Blätter am liebsten fein geschnitten auf unserem Teller*

Ein Kraut putzt sich heraus

# Rund und lecker
# *Rotkohl*

Seine Blätter liegen glänzend und kompakt am Kopf und verhüllen ein Innenleben, das für einfallsreiche Köche viele geschmackvolle Möglichkeiten der Zubereitung bietet

# Er zeigt sich deftig oder fein – doch niemals farblos

**WINTERGEMÜSE**
Die Haupterntezeit für den Rotkohl (Brassica oleracea) reicht von September bis Dezember – er besitzt gute Lagereigenschaften und ist beinahe das ganze Jahr über erhältlich. Achten Sie darauf, dass die Blätter den Kohlkopf fest umschließen. Sehen die Blätter wie „gewachst" aus, ist das ein Zeichen für beste Qualität, wenn nicht, wurden die äußeren Blätter wohl schon entfernt

Wildschweinrücken mit Rotkohl

*Feinschnitt*
*Leichter als mit dem Messer lässt sich der Rotkohl auf einer Gemüsereibe fein hobeln, bevor er mit Essig und Gewürzen für einen aromatischen Rohkostsalat mariniert – oder als Bratenbeilage gedünstet wird*

Schinkenäpfel

Die Gemüsebauern haben wieder ihre Stände aufgeschlagen und bieten, verbunden mit einem kleinen Schwätzchen, ihre frisch geernteten Kohlköpfe feil. Lassen Sie sich ruhig verlocken und greifen Sie zu, denn jetzt ist die beste Zeit für das aromatische Gemüse.

Zwar ist der Kohl von Haus aus nicht gerade eine traditionsreiche Zutat der feinen Küche, doch spätestens im November hat er als delikater Begleiter zum Gänsebraten seinen ersten großen Auftritt. Und selbst verwöhnte Genießer werden einen gut zubereiteten Rotkohl nicht auf dem Teller liegen lassen, denn er ist einfach zu verführerisch. Seine intensive Farbe ist ein Augenschmaus und der süßliche Geschmack wird dazu noch gerne von fruchtigen Zutaten wie Äpfeln, Johannisbeergelee und Preiselbeeren unterstrichen. Eigentlich ist der Rotkohl eine blau-violette Variante des Weißkohls und man könnte ihn als eine Laune der Natur bezeichnen, denn im Gegensatz zu seinen hellen Verwandten bildet er den Farbstoff Anthocyan, der auch in blauen Beeren und rotem Wein vorkommt.

Wegen dieses Farbstoffes hat das Kohlgemüse auch verwirrend viele Namen: Rotkohl heißt er in Norddeutschland, Rotkraut im Schwäbischen, Blaukraut in Bayern und im Kölner Raum nennt man ihn roten Kappes. Dieser Umstand hängt damit zusammen, das der Kohl – je nach Zubereitungsart und Bodenbeschaffenheit – seine Farbe verändern kann. Der Farbstoff im Rotkohl funktioniert wie ein Indikator,

Rotkohl-Zwiebel-Tartes

## Das farbintensive Gemüse für die facettenreiche Küche

**Gesunder Genuss**
*Rotkohl ist die Vitamin-C-reichste Kohlart. Er enthält viel Eisen, Provitamin A und reichlich Ballaststoffe, die die Verdauung regeln. Auf den Hüften legt sich der Rotkohl übrigens nicht nieder, denn er ist – ohne Gänsebraten – überaus kalorienarm*

### VIOLETTE KOHLVARIATION
Im Rotkohl verbindet sich Wohlgeschmack mit Gesundheit, denn er enthält zahlreiche sekundäre Pflanzenstoffe, die in Kombination mit dem Vitamin C und den Ballaststoffen des Rotkohls das Immunsystem stärken und der Entstehung von Krankheiten vorbeugen können. Kurze Garzeiten schützen die wertvollen Inhaltsstoffe und gerade in der kalten Jahreszeit kann der Rotkohl auch mal als Rohkostsalat genossen werden, z.B. mit Orangen in einer würzigen Vinaigrette

Rotkohlstrudel mit Entenbrust

**Portionsweise**
*In einer raffinierten Marinade eingelegt wird aus dem fein geraspelten Kohl eine aromatische Beilage. Servieren Sie diese doch zur Abwechslung mal im Weinglas*

der je nach pH-Wert die Farbe wechselt. Auf alkalischen Böden zeigt er sich blau, wird der Kohl dann mit einer „sauren" Zutat verfeinert, beispielsweise mit einem Schuss Essig, färbt er sich rot. So haben sich je nach Region und Küchentradition unterschiedliche Namen eingebürgert. Jede Gegend hat dabei ihre ganz eigenen Zubereitungsmethoden. Auch bei den europäischen Nachbarn ist der Kohl beliebt: Im französischen Limousin wird der „Chou Rouge" gern mit Kastanien und Äpfeln gekocht, in Südfrankreich sogar mit Thymian und Frischkäse als herzhafter Belag für Tartes verwendet. In Russland bereitet man ihn mit Knollensellerie und Petersilienwurzel zu, in den Niederlanden wird der Rotkohl mit Apfelmus und Zimt gekocht. Und die Briten machen ihn als „Pickled Red Cabbage" mit Malzessig, Pfeffer und Zimt in Einmachgläsern haltbar.

Hierzulande wird das Wintergemüse gerne, beispielsweise nach klassischer Berliner Art, mit Apfel- und Zwiebelscheiben in Gänseschmalz gebraten, mit Piment in Bouillon gekocht und mit Johannisbeergelee abgeschmeckt. Aber für welche Zubereitungsart Sie sich auch immer entscheiden – in jedem Fall ist der Kohl ein echtes Wohlfühllessen für kalte Tage. Und haben Sie schon einmal versucht ihren Rotkohl beim Kochen mit einigen Stückchen Zartbitterschokolade zu verfeinern? Die herbe Süße unterstreicht das feine Aroma und die Kakaobutter macht ihn schön sämig.

# Rezepte

### WILDSCHWEINRÜCKEN MIT ROTKOHL

*Zutaten für 4 Personen:
1 kg ausgelöster Wildschweinrücken, Salz, Pfeffer, 2 EL Butter, 400 ml Wildfond, 12 Schalotten, 2 Möhren, 2 cl Calvados, 1 Pck. Kartoffelklöße halb und halb. Für den Rotkohl:
1 kg Rotkohl, 2 säuerliche Äpfel, 50 g Butter, 1 Zwiebel, 2 Nelken, 1/4 l Wasser, 1/8 l Rotwein, 2 EL Zucker, 2 EL Essig, Salz, Pfeffer aus der Mühle.*

Zubereitung: Rotkohl putzen, waschen, in feine Streifen schneiden. Äpfel vierteln, putzen, schälen und in Stücke schneiden. Butter in einem Topf erhitzen, Apfelstücke darin dünsten, Kohl hinzufügen. Zwiebel abziehen, fein hacken und mit Nelken zu Äpfeln und Kohl geben. Wasser und Rotwein angießen. Zucker und Essig dazufügen, mit Salz und Pfeffer würzen. Alles zugedeckt ca. 45 Min. dünsten. Fleisch mit Salz und Pfeffer würzen. Butter in einem Bräter erhitzen und Fleisch darin von beiden Seiten anbraten, dann im vorgeheizten Backofen bei 200 Grad 45 Min. braten. Schalotten abziehen, fein würfeln; Möhren schälen, fein raspeln; Klöße nach Anleitung zubereiten. Wildschweinrücken aus dem Bräter nehmen und in Alufolie gewickelt ruhen lassen. Schalotten und Möhren in den Bräter geben, kurz anbraten, dann den Wildfond angießen und 5 Min. kräftig köcheln lassen. Nun alles pürieren, mit Salz und Pfeffer abschmecken und den Calvados unterrühren. Wildschweinrücken in Scheiben schneiden und servieren.

### ROTKOHLSTRUDEL MIT ENTENBRUST

*Zutaten für 4 Personen:
1 kg Rotkohl, 1 Zwiebel, 2 EL Öl, Salz, Pfeffer, Zimt (gemahlen), 2 EL Zucker, 1 EL Weinessig, 1 Pck. Strudelteig (TK), 1 Ei. Außerdem: 4 Entenbrustfilets (à 250 g), 16 kleine Schalotten, 2 EL Öl, 1 EL Zucker, 200 ml Rotwein, 200 ml Geflügelfond (Glas), Salz, Pfeffer.*

Zubereitung: Rotkohl putzen, waschen und in feine Streifen schneiden. Zwiebel abziehen, fein hacken, in heißem Öl glasig dünsten. Rotkohl dazugeben, salzen und unter ständigem Rühren gar dünsten. Den gegarten Kohl mit Pfeffer, Zimt, Zucker sowie Essig würzen, abkühlen lassen. Dann den fertigen Strudelteig auftauen, halbieren und die Hälften etwa 2 mm dick ausrollen. Die Krautfüllung auf dem Strudelteig verteilen und diesen fest aufrollen. Backblech mit Backpapier auslegen, die Teigrollen darauf verteilen, mit dem verquirlten Ei bepinseln und im vorgeheizten Ofen bei 200 Grad in 30–35 Min. goldgelb backen. Inzwischen die Haut der Entenbrustfilets rautenförmig einschneiden, salzen und pfeffern. Schalotten abziehen und im heißen Bräter im Öl rundum anbraten, herausnehmen. Entenbrüste mit der Hautseite nach unten in den Bräter geben und goldbraun anbraten. Die Brüste wenden, Schalotten wieder zugeben und Fleisch im Ofen bei 180 Grad in 12–15 Min. fertig garen, aus dem Bräter nehmen und warm stellen. Das Bratfett abgießen, Zucker einstreuen und karamellisieren lassen, Rotwein und Geflügelfond dazugießen, auf die Hälfte einkochen lassen und mit Soßenbinder binden. Mit Salz und Pfeffer abschmecken. Entenbrust in Scheiben schneiden und ausgetretenen Fleischsaft in die Soße rühren. Fleisch mit Strudel, Soße und Schalotten anrichten.

### ROTKOHL MIT SCHINKENÄPFELN

*Zutaten für 4 Personen: 150 g Zwiebeln, 2 EL Butterschmalz, 1 kg Rotkohl, 250 ml Madeira, 250 ml Wasser, 1 TL Kümmel, 4 Gewürznelken, 1/4 TL Lebkuchengewürz, 2–3 EL Rotweinessig, 100 g Preiselbeerkompott, Salz, Pfeffer, 250 g Schinkenspeck, 4 Äpfel (z.B. Cox Orange).*

Zubereitung: Zwiebeln abziehen, hacken und in Butterschmalz weich dünsten. Rotkohl putzen, vierteln, waschen, in feine Streifen hobeln und zu den Zwiebeln geben. Madeira, Wasser, Gewürze und Essig hinzufügen. Alles ca. 40 Min. köcheln lassen. 2 EL Preiselbeeren beiseite stellen. Den Rest unter den Kohl mischen, diesen mit Salz und Pfeffer würzen. Den Rotkohl in eine Kasserolle geben. Schinken würfeln. Äpfel waschen, jeweils einen Deckel abschneiden, dann aushöhlen. Das übrige Preiselbeerkompott mit 3 EL Schinkenwürfeln mischen und in die Äpfel füllen. Die Äpfel auf den Rotkohl setzen und mit den restlichen Schinkenwürfeln bestreuen, die Deckel aufsetzen. Alles erst in der abgedeckten Form im vorgeheizten Backofen bei 200 Grad etwa 30 Min., dann offen weitere 15 Min. garen.

### ROTKOHL-ZWIEBEL-TARTES

*Zutaten für 6 Tarteformen mit 10 cm Ø: 100 g Mehl, 100 g kalte Butter, 100 g Quark, 1 Prise Salz, 300 g Rotkohl, 1 Zwiebel, 1 EL Butter, 1 EL Honig, 2 EL Rotweinessig, 200 Gemüsebrühe, Salz, Pfeffer aus der Mühle, 1/4 TL Nelkenpulver, 50 g gehackte Walnusskerne, 2 TL Thymian (gehackt), 100 g Sahne, 100 ml Milch, 1 Ei, 100 g Frischkäse, Olivenöl*

Zubereitung: Mehl mit Butterstücken, Quark und Salz rasch zu einem Teig verkneten, dünn ausrollen und die Förmchen damit auskleiden. Förmchen zugedeckt in den Kühlschrank stellen. Rotkohl putzen, Strunk herausschneiden, Kohl waschen, quer in feine Streifen schneiden. Zwiebel abziehen und hacken, in heißer Butter glasig schwitzen, Honig unterrühren, Essig und Brühe dazugießen alles mit Salz, Pfeffer und Nelken würzen. Ca. 10 Min. bei schwacher Hitze köcheln, dann abkühlen lassen. Sahne mit Milch, Frischkäse sowie Ei verquirlen, mit Salz und Pfeffer würzen. Rotkohl mit Nüssen und Thymian auf die Förmchen verteilen, Eiermilch darübergießen und jede Tarte mit etwas Olivenöl beträufeln. Im vorgeheizten Backofen bei 220 Grad ca. 25 Min. backen. Mit Thymian garniert servieren.

# Das schmeckt uns im
# November
#### Wenn die Tage kürzer werden

| | |
|---|---|
| Pilz-Risotto | 158 |
| Steinpilzpastete | 158 |
| Rahmpilze mit Semmelknödeln | 158 |
| Rehknödel | 159 |
| Betyáreneintopf | 159 |
| Toskanischer Gewürzkuchen | 162 |
| Feuerzangenbowle | 164 |
| Kürbisdrink mit Milchschaum und Trüffel | 164 |
| Kirschpunsch mit Calvados | 164 |
| Gebackene Teigschälchen mit Stilton-Käse-Creme & Walnüssen | 164 |
| Grog mit Whisky und Orangenscheibe | 164 |

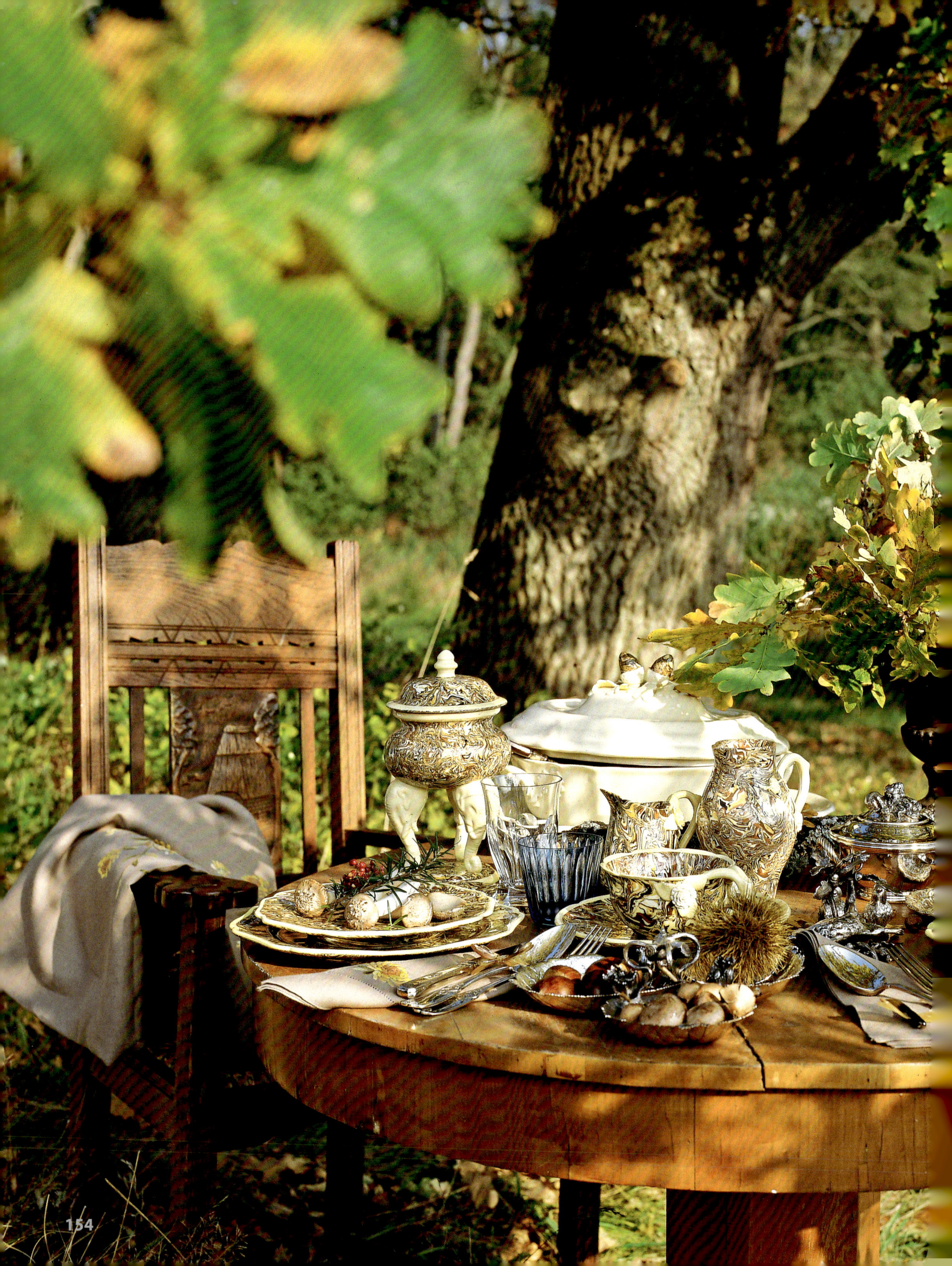

# Im Reich der *Pilze*

Wie duftet das Laub, und was lässt sich aus Egerlingen, Steinpilzen und Pfifferlingen nicht alles zaubern? Begleiten Sie uns zu einem spätherbstlichen Stelldichein in den Wald

**Im sanften Licht**
*Jetzt zeigt die Natur ihr schönstes Kleid: verfärbtes Eichenlaub, das Egerlinge und Maronen in prachtvollen Schalen in Form von Silberblättern umspielt*

Pilz-Risotto

## Rehknödel mit Kartoffeln und Pilzen

### Feine Füllung
*Mit einem gehaltvollen Innenleben aus Kartoffeln, Grieß, Semmeln oder Quark kennt man Knödel. Zur Wildsaison können Sie mal die edle Variante mit Rehbrät und -Filet versuchen. Sie schmeckt auch in Kombination mit Semmelknödeln zu Rahmpilzen*

### Rund und gut
*Ein immerwährendes Leibgericht sind mit Kräutern verfeinerte Semmelknödel, die auf einem sahnigen Bett aus Waldpilzen angerichtet werden*

## Rahmpilze mit Semmelknödeln

### Naturereignis
*Würzige Luft und goldene Sonnenstrahlen locken am frühen Morgen hinaus in die Pilze. Später zum Lunch können wir unser „Jagdglück" ganz stilecht an einer von französischer Landlust inspirierten Tafel bei köstlichen Variationen von Waldpilzen genießen*

Für alle, die den Herbst zu ihrer liebsten Jahreszeit erwählt haben, halten die Laubwälder dieser Tage zauberhafte Momente bereit. Und auch Genießer kommen in der Saison von Maronen, Nüssen und Waldpilzen voll auf ihre Kosten. Immer auf der Suche nach köstlichen Exemplaren für die heimische Küche, gibt es allerhand zu entdecken. Kennerschaft ist natürlich Pflicht – ansonsten reichen ein scharfes Messer, ein luftiger Korb und ein Borstenpinsel, um die Schätze gleich an Ort und Stelle zu säubern. Dabei gibt es für die verschiedenen Arten auch unterschiedliche Plätze. Steinpilze etwa bevorzugen die Nähe von Eichen. Hat man erst mal eine der begehrten Fundstellen ausgemacht, finden sich in der Umgebung meist noch weitere. Nach einem eher verregneten Spätsommer ist die Ausbeute an warmen Herbsttagen besonders ergiebig. Der frühe Morgen ist die beste Zeit für einen Ausflug in die Pilze, um sicher zu sein, dass die begehrtesten Exemplare noch nicht geborgen sind. So bleibt genug Zeit für die Zubereitung, bevor die Gäste dann in der Mittagssonne an der Waldtafel Platz nehmen dürfen, um die köstlichsten Exemplare in einer Rahmsoße zu würzigen Knödelvariationen zu genießen. Dazu werden die Pilze scharf angebraten, wobei manche einen seufzenden Ton von sich geben – sollten Sie den am Ende des Essens auch von Ihren Gästen vernehmen, werten Sie es als Kompliment!

**AUS EIGENER KOLLEKTION**

Sammler werden reich belohnt, denn Waldpilze enthalten hochwertiges Pflanzeneiweiß und sind reich an Mineralstoffen und Spurenelementen. Sie sollten möglichst noch am selben Tag verarbeitet werden. Hierfür am besten nur gründlich mit einem Tuch abreiben. Danach werden die Pilze gedünstet oder gebraten, wobei sie erst aus der Pfanne genommen werden, wenn die austretende Flüssigkeit verdampft ist und der unverkennbare Duft in die Nase steigt.

# Pilz-Rezepte

### STEINPILZPASTETE

*Zutaten für 1 Kastenform von 1,5 Liter: 450 g Blätterteig, 5 Steinpilze, ca. 6 cm hoch, 200 g Spinat, 2 EL gehackte Petersilie, 1 TL gehackter Thymian, 2 Schalotten, 1 EL Butter, 200 g Ricotta, 100 ml Sahne, 100 g gemischte Waldpilze, Salz, Pfeffer, 2 Eier, 1 Eigelb.*

Zubereitung: Schalotten schälen, fein hacken. Waldpilze putzen, klein schneiden. Schalotten in heißer Butter glasig schwitzen, Waldpilze zugeben, kurz andünsten, mit Salz und Pfeffer würzen. Spinat waschen, verlesen, tropfnass in einem Topf mit wenig Wasser zusammenfallen lassen, abgießen, abschrecken, etwas ausdrücken und fein hacken. Spinat mit der Schalotten-Pilz-Mischung in einer Schüssel vermengen, Ricotta, Sahne und Eier zugeben, Thymian und Petersilie unterrühren und mit Salz und Pfeffer würzen. Steinpilze putzen. Blätterteig aufeinanderlegen und zu einem Rechteck in Formgröße mit überhängendem Rand ausrollen. Eine gefettete Kastenform mit dem Teig auskleiden, etwas von der Spinat-Ricotta-Masse einfüllen (ca. 1 cm) die Steinpilze hintereinander hineinstellen und die restliche Masse drumherum und obenauf verteilen und mit überstehenden Teigblättern verschließen. Pastete mit verquirltem Eigelb einstreichen. Im vorgeheizten Backofen bei 180 Grad auf unterer Schiene in ca. 40 Min. goldbraun backen.

### PILZ-RISOTTO

*Zutaten für 4 Personen: 300 g Risotto-Reis, 500 g gemischte Waldpilze (z.B. Pfifferlinge, Steinpilze, Maronen), 2 fein gehackte Zwiebeln, 1 Knoblauchzehe, 1 Lorbeerblatt, 1 TL Steinpilzpulver, 1 EL Olivenöl, 4 EL Butter, 125 ml trockener Weißwein, ca. 700 ml heiße Geflügelbrühe, 2 EL Petersilienblätter, Salz, Pfeffer aus der Mühle, 50 g frisch geriebener Parmesan.*

Zubereitung: Pilze putzen und je nach Größe zerkleinern. Geflügelbrühe erhitzen. Zwiebeln in Öl anschwitzen, Lorbeerblatt und Steinpilzpulver zugeben und Knoblauch dazupressen. Reis einstreuen und glasig werden, dann den Wein angießen und einkochen lassen. 1/4 der heißen Brühe zugießen, salzen und pfeffern. Den Reis in ca. 20 Min. bei geringer Hitze ausquellen lassen, dabei nach und nach die restliche heiße Brühe angießen, gelegentlich umrühren. Das Risotto sollte bissfest und sämig sein. Pilze portionsweise in 2 EL heißer Butter kräftig anbraten, Parmesan untermengen und mit Salz und Pfeffer abschmecken. Mit 2 EL Butter und der Petersilie unter das sämige Risotto mischen und servieren.

### RAHMPILZE MIT SEMMELKNÖDELN

*Zutaten für 4 Personen: 600 g frische Waldpilze, 200 ml trockener Weißwein, 250 ml Sahne, 1 fein gehackte Schalotte, 1 Knoblauchzehe, je 1 TL fein gehackter Thymian u. Rosmarin, 2 EL Butter, Salz, Pfeffer, 1 TL Speisestärke. Semmelknödel: 500 g altbackene Semmeln, 250 ml lauwarme Milch, 3 Eier, 1 fein gewürfelte Schalotte, Salz, Pfeffer, 2 EL fein gehackte Petersilie, 1 EL Butter. Außerdem: 80 g Speckwürfel, 2 fein gewürfelte Schalotten, Petersilie zum Garnieren.*

Zubereitung: Für die Knödel Schalotte in heißer Butter glasig schwitzen. Semmeln in Scheiben schneiden, die Milch darübergießen, Eier, Petersilie, Schalotte, Salz und Pfeffer dazugeben und gut vermengen, 20 Min. quellen lassen, dann runde Knödel formen und in simmerndem Salzwasser ca. 10 Min. ziehen lassen. Für die Pilzrahmsoße Schalotten, Kräuter und durchgepressten Knoblauch in heißer Butter kurz anschwitzen, Waldpilze zugeben und einige Minuten mitbraten lassen, mit Wein und Sahne ablöschen, aufkochen, mit Salz und Pfeffer abschmecken. Speisestärke in wenig Wasser glattrühren und unter die Pilzsoße geben, unter Rühren aufkochen lassen. Speckwürfel in einer Pfanne anbraten, gewürfelte Schalotten zugeben und glasig werden lassen. Knödel mit dem Pilzragout auf Tellern anrichten, die Speck-Schalotten darüber verteilen, mit Petersilie garnieren und servieren.

### REHKNÖDEL

*Zutaten für 6 Personen:*
*400 g Pfifferlinge, 4 gekochte Kartoffeln (festkochend), 3 EL Butterschmalz, 100 ml Wildfond, Soßenbinder, Rosmarin, 200 ml Sahne, 1 Becher Crème fraîche.*
*Rehknödel: 200 g Rehbrät vom Metzger, 8 altbackene Semmeln, 300 ml lauwarme Milch, 4 Eier, 1 kleine Zwiebel, 2 EL gehackte Petersilie, 1 EL Butter, 1/2 TL Salz, Semmelbrösel, nach Bedarf, 1 Rehfilet, Salz, Pfeffer, 60 g gemahlene Haselnüsse, 50 g gemahlene Mandeln.*

Zubereitung: Das Rehfilet mit Salz und Pfeffer würzen. In 12 Würfel schneiden, in 1 EL Butterschmalz rundherum scharf anbraten. Semmeln in dünne Scheiben schneiden, mit Salz in eine Schüssel geben. Mit der Milch übergießen, mit Folie abdecken, 30 Min. ziehen lassen, gegebenenfalls nach der Hälfte der Zeit einmal durchmischen. Zwiebel abziehen in feine Würfel schneiden. Mit der Petersilie in Butter andünsten, zur Seite stellen und abkühlen lassen. Zu den Semmeln die Eier, die Zwiebelmischung und das Brät geben, alles mit den Händen zu einem Teig verkneten. Falls der Teig zu weich ist, Semmelbrösel unterkneten. In einem großen Topf reichlich Salzwasser erhitzen. Den Teig nochmals 5 Min. ziehen lassen, in der Schüssel flach drücken, in 8 Segmente teilen und mit feuchten Händen 12 Knödel formen, ein Loch hineindrücken, je einen Rehwürfel hineingeben und wieder verschließen. Die Knödel in das kochende Wasser einlegen, zurückschalten und im simmernden Wasser ca. 20 Min. gar ziehen lassen. Die Nüsse in einer Pfanne ohne Fett rösten, ebenso die Mandeln, beides zur Seite stellen. Die Kartoffeln schälen und in Würfel schneiden. Die Pfifferlinge putzen, etwas Rosmarin fein hacken. Die Pfifferlinge zusammen mit den Kartoffeln und dem Rosmarin in 2 EL Butterschmalz braten, mit Fond ablöschen, Sahne aufgießen und mit Soßenbinder eindicken. Die Soße mit Salz und Pfeffer würzen und abschmecken. Knödel mit einem Schaumlöffel aus dem Wasser heben, abtropfen lassen und in den Nüssen wälzen. Mit Pilz-Kartoffel-Mischung auf Tellern anrichten und mit Crème fraîche und Rosmarin garniert servieren.

### BETYÁRENEINTOPF

*Zutaten für 4 Personen:*
*150 g Räucherspeck, 100 g geräucherte Paprikawurst, 250 g Waldpilze, 50 g Mehl, 1 Zwiebel, 200 ml Sauerrahm, 1,2 l Fleischbrühe, 2 Lorbeerblätter, Pfeffer, Salbeiblätter, Thymian, Paprikapulver, 200 g Maultaschen (mit Fleischfüllung, Fertigprodukt).*

Zubereitung: Räucherspeck klein schneiden, anbraten. Speckwürfel aus dem Fett nehmen. Zwiebel klein schneiden, in dem Fett anbraten. Waldpilze hinzugeben, salzen, pfeffern und Kräuter zufügen. Einige Minuten andünsten, mit Paprikapulver bestäuben und mit der Fleischbrühe aufgießen. Lorbeerblätter, in Scheiben geschnittene Paprikawurst und Speckwürfel beimengen und aufkochen. Sauerrahm mit Mehl verrühren. Maultaschen zufügen und wenn diese fertig gekocht sind, Eintopf mit der Mehl-Sauerrahm-Mischung eindicken. Noch einmal aufkochen und servieren. Wegen der frischen Pilze den Eintopf bitte nicht aufwärmen.

**Blaue Flamme**
*Wenn der mit Rum getränkte Zuckerhut entzündet ist, schauen alle gebannt auf den bruzelnden Kegel. Feuer übt eine ungeheure Faszination aus. Wenn der Zucker ganz geschmolzen ist, ist die Feuerzangen-bowle fertig*

Heiß geliebt und heiß getrunken

# Feuerzangen-Bowle & Co.

**Kirschpunsch mit Calvados**

**Kleine Zutaten**
*Neben dem obligatorischen Zuckerhut würzen nur Zimt und Nelken das heiße Gebräu. Wem das zu gehaltvoll wird, darf die Feuerzangenbowle gerne auch mit Tee strecken*

**Gemütlich bei Kerzenschein**
*Zurückgelehnt in weiche Kissen fängt der Feuerzangenbowlen-Abend ganz entspannt an. Wer keinen Kamin zu Hause hat, kann unterschiedlich große Kerzen zusammenstellen*

*Der berühmte Film mit Heinz Rühmann hat der Feuerzangenbowle ein Denkmal gesetzt. Doch auch Punsch und Grog wärmen herrlich in der Winterzeit*

Der Schriftsteller Johannes Pfeiffer („mit drei f") trifft sich mit distinguierten Herren seines Alters zur Feuerzangenbowle. Das süffige Getränk regt die Gedanken an und schnell schwelgt man in Erinnerungen an die Jugendzeit. Von der wohligen Wärme des Alkohols in nostalgische Stimmung versetzt, bedauert Dr. Pfeiffer, dass er in seiner Jugend von Privatlehrern erzogen wurde und das Schulleben an einer „richtigen" Schule nie kennen gelernt hat. Er wettet, dass es ihm gelingen wird, sich an einem Gymnasium unbemerkt als Oberprimaner einzuschleichen… So wird ein gemütlicher Feuerzangenbowlen-Abend zum Ausgangspunkt für eine ganze Reihe von Schülerstreichen und Verwicklungen aller Art. Ungleich bekannter als der Roman von Heinrich Spoerl ist die werkgetreue Verfilmung mit Heinz Rühmann in der Hauptrolle des spitzbübischen und immer schalkhaft grinsenden Hans Pfeiffer. An Universitäten wird der Filmklassiker gern als Weihnachtsfilm gezeigt und auch bei Ihrer privaten Feuerzangenbowlen-Einladung ist der Film fast ein Muss. Machen Sie es sich und Ihren Gästen gemütlich: Gedämpf-

Toskanischer
Gewürzkuchen

*Das heiße Getränk wärmt gut nach einem Winterspaziergang. Wenn man den Filmklassiker ansieht, kann man in Erinnerungen an die Schulzeit schwelgen*

Kürbisdrink mit
Milchschaum und Trüffel

Gebackene
Teigschälchen mit
Stilton-Käse-Creme
& Walnüssen

### TOSKANISCHER GEWÜRZKUCHEN

*Zutaten für 10–12 Stücke: je 100 g geschälte Mandeln, Haselnüsse und Walnusskerne, je 150 g getrocknete Feigen und gemischte kandierte Früchte, 150 g Puderzucker, 100 g Honig, Oblaten zum Auslegen der Form, je 1/4 TL Zimt-, Nelken-, Koriander-, Ingwerpulver und Muskat, ca. 2 EL Mehl, Butter zum Einfetten, Puderzucker und Zimt zum Bestäuben.*

Zubereitung: Nüsse hacken. Feigen und die kandierten Früchte in kleine Würfelchen schneiden, in eine Schüssel geben und mit den Gewürzen unter die Nüsse mischen. Puderzucker und Honig in einer Metallschüssel ins Wasserbad setzen. Bei schwacher Hitze ständig rühren, bis die Masse schmilzt und Fäden zieht, dann unter Rühren etwas abkühlen lassen. Honiglösung unter die vorbereitete Nuss-Früchte-Mischung rühren und 1–2 EL Mehl untermengen. Eine flache Form (eckig oder rund, je nach Oblaten) mit Butter einstreichen, mit Oblaten auslegen, Teig einfüllen und 2 cm hoch glattstreichen. Im vorgeheizten Backofen bei 150 Grad ca. 30 Min. backen. Abkühlen lassen. Zum Garnieren mit Puderzucker und Zimt bestäuben.

tes Licht, am besten mit vielen Kerzen, die im ganzen Raum verteilt werden, schafft eine heimelige Atmosphäre und bringt auch die blaue Flamme des flambierten Zuckerhuts wundervoll zur Geltung. Zurückgelehnt in ein weiches Sofa oder auf bequemen Bodenkissen in der Runde sitzend wird es dann gemütlich. Laden Sie daher lieber nur ein paar enge Freunde ein, damit an diesem Abend nicht mehr als sechs oder acht Personen zusammenkommen und die Runde übersichtlich bleibt. Natürlich steht die Feuerzangenbowle ganz im Mittelpunkt des kulinarischen Angebots. Stellen Sie aber trotzdem alternativ Getränke in Form von Tee, Mineralwasser und Säften bereit, damit der Alkohol nicht allzuschnell zu Kopf steigt. Zu essen müssen Sie nichts anbieten, aber sicher freuen sich Ihre Gäste über ein Stück aromatischen Gewürzkuchen oder kleine salzige Häppchen, die die Bowle ein wenig „neutralisieren". Ob Sie dann ebenfalls in Erinnerungen an die Schulzeit schwelgen oder sich gegenseitig von Ihren ersten Liebschaften erzählen, wird sich zeigen, wenn die Feuerzangenbowle im Laufe des Abends ihren magischen Zauber entfaltet.

# Die aufsteigende *Wärme* feuert die Gedanken an

**Nostalgie pur**
*Mit jedem Schluck breitet sich wohlige Wärme im Körper aus. Fingerspitzen und Zehen beginnen zu kribbeln und die Fantasie schlägt Kapriolen. Das wird ein Abend werden!*

Grog mit Whisky und Orangenscheibe

# Rezepte

### FEUERZANGENBOWLE
*Zutaten für 8 Personen:*
*3–4 Flaschen trockener Rotwein, je 2 unbehandelte Zitronen und Orangen, 2–3 Zimtstangen, 3–4 Gewürznelken, 1 Zuckerhut (250 g), 1 Flasche Rum.*
Zubereitung: Rotwein und ausgepressten Zitronensaft in einem Topf langsam erhitzen. Zimt und Nelken darin 5 Min. ziehen lassen, Gewürze entfernen. Wein in hitzebeständiges Bowlengefäß umschütten und mit einem Stövchen warm halten. Orangen heiß waschen und abtrocknen, in dünne Scheiben schneiden und zum Wein geben. Eine Feuerzange (im Haushaltsfachhandel erhältlich, siehe Serviceseiten) auf das Gefäß setzen und den Zuckerhut in die Mulde der Feuerzange legen. Rum (evtl. leicht erwärmt) mit einer Schöpfkelle (nie direkt aus der Flasche) über den Zuckerhut träufeln, bis dieser vollständig getränkt ist. Zuckerhut vorsichtig anzünden. Der Zucker schmilzt und tropft langsam in den heißen Rotwein. Nach und nach restlichen Rum auf den Zuckerhut gießen (nie zu viel auf einmal, es könnte eine Stichflamme entstehen!). Wenn der Zuckerhut vollständig geschmolzen ist, die Feuerzangenbowle gut umrühren und heiß in Gläser füllen.

### KIRSCHPUNSCH MIT CALVADOS
*Zutaten für 4 Gläser:*
*100 ml Calvados, 100 ml Orangensaft, 1/2 l heißer Tee, Zucker nach Belieben, 8 eingelegte gelbe Kirschen (Sorte Napoléon oder andere nach Belieben).*
Zubereitung: Orangensaft, Calvados und Tee im Topf erhitzen, nicht kochen lassen. Nach Geschmack mit Zucker süßen. In Gläser füllen, die Kirschen in die Gläser geben und sofort servieren.

### GEBACKENE TEIGSCHÄLCHEN MIT STILTON-KÄSE-CREME & WALNÜSSEN
*Zutaten für 20 Stück:*
*150 g Stilton-Käse, 50 g Frischkäse, 1 kleine, reife Birne, 1 cl Birnengeist, 2 EL geschlagene Sahne, 20 Croustardes (das sind kleine gebackene Teigschälchen, fertig gekauft), 20 Walnusshälften.*
Zubereitung: Den Stilton-Käse mit einer Gabel fein zerdrücken und den Frischkäse untermengen, bis eine glatte Masse entstanden ist. Die Birne schälen und vierteln, das Kerngehäuse herausschneiden und das Fruchtfleisch fein würfeln. Die Birnenwürfel zusammen mit der steif geschlagenen Sahne unter die Käsemasse heben. Die Stilton-Käse-Creme in die Croustardes füllen und die Schälchen mit je einer Walnusshälfte garnieren.

### KÜRBISDRINK MIT MILCHSCHAUM UND TRÜFFEL
*Zutaten für 1 Person:*
*100 g weiches Kürbisfleisch, 1 Messerspitze Currypulver, 1 Messerspitze Mangopulver, Salz, 1/8 l Milch, 1 Stück weißer Trüffel.*
Zubereitung: Das Kürbisfleisch mit Curry- und Mangopulver sowie etwas Salz sehr fein pürieren. Die Milch erhitzen und mit der Funktion der Espressomaschine oder mit einem Schneebesen aufschäumen, 2/3 des Milchschaums mit dem Kürbismus verrühren und in ein hohes Glas füllen. Den restlichen Milchschaum oben aufsetzen. Mit gehobelten Trüffelscheiben garnieren und sofort servieren.

### GROG MIT WHISKY UND ORANGENSCHEIBE
*Zutaten für 1 Person:*
*5 cl Scotch Whisky, 5 cl Drambuie (ein traditioneller schottischer Whisky-Likör), 100 ml heißer, schwarzer Tee, Zucker nach Geschmack, 1 Orangenscheibe.*
Zubereitung: Den heißen Tee mit dem Whisky und dem Likör in ein Grogglas gießen, nach Belieben mit dem Zucker süßen und die Orangenscheibe hineingeben. Zusammen mit in Bitterschokolade getauchten Orangenfilets servieren.

Das schmeckt uns im

# Dezember

### Kerzenschein und Festtagsstimmung

Frischkäseterrine mit Walnüssen ............................................ 168

Fleischpastetchen ........................................................................ 168

Herzpastete ................................................................................... 168

Schinkenterrine ............................................................................ 169

Kalbfleischterrine mit Orangen ................................................. 169

Coleslaw (Kohlsalat) .................................................................... 174

Räucherlachs-Mousse auf Toasttalern mit Kaviar ................. 174

Carpaccio von Jakobsmuscheln mit Lachskaviar ..... 174

Seeteufel mit Salbei im Speckmantel ....................................... 175

Weinschaumsuppe mit Backerbsen .......................................... 175

Berliner ......................................................................................... 175

Glückstoast ................................................................................... 175

Martini-Cocktail .......................................................................... 175

Schinkenterrine

# Pasteten & Terrinen

**Herzhafter Festtagsschmaus**
*Die gehaltvolle Terrine mit hauchdünnen Parmaschinkenscheiben und appetitlich grünen Pistazien kann man ganz bequem schon einen Tag vorher zubereiten und kühl stellen*

Zugegeben, schnell gemacht sind Pasteten und Terrinen nicht. Ihr großer Vorteil liegt aber darin, dass sie sich wunderbar vorbereiten lassen und ihre Aromen sich besonders intensiv entfalten, wenn man sie ein bis zwei Tage durchziehen lässt. Die Geschichte der Pasteten lässt sich sehr weit zurückverfolgen. In Frankreich, zu Zeiten der Renaissance, als Adel und Klerus opulente Feste feierten, standen sie auf den prunkvollsten Tafeln. Mit der Französischen Revolution kam dann auch das einfache Volk in den Genuss der Köstlichkeiten, denn so manch arbeitslos gewordener Koch der Adeligen machte sich als Pastetenbäcker selbstständig.

## Herzpastete

## Fleischpastetchen

*Stellen Sie sich vor, es ist Heiligabend und Sie müssen nicht stundenlang in der Küche stehen. Wir verraten Ihnen wie!*

**Auch Pasteten müssen mal Dampf ablassen**
*Bevor man die sorgfältig mit einem Teigdeckel verschlossene Pastete in den Backofen schiebt, sticht man mit der Gabel mehrere Löcher hinein, oder schneidet wie in diesem Beispiel in der Mitte ein kleines Loch hinein. So kann der beim Garen entstehende Wasserdampf entweichen*

**Die Form macht's**
*Wer würde etwas anderes als feine Geflügelpastete unter diesem Deckel vermuten? Vorteilhaft auch der gerade Rand, der das Herausschneiden der Pastete erleichtert*

### FRISCHKÄSETERRINE MIT WALNÜSSEN UND SCHNITTLAUCH

*Zutaten für eine Kastenform von 1,5 Litern: 500 g Quark, 500 g Ziegenfrischkäse, 200 ml Sahne, 14 Blatt Gelatine, 80 g Walnüsse (grob gehackt), 1 Bund Schnittlauch in kleine Röllchen geschnitten, Salz, Pfeffer aus der Mühle.*

Zubereitung: Die Gelatine in kaltem Wasser einweichen. 3–4 EL Sahne erwärmen und die ausgedrückte Gelatine darin auflösen. Quark, Ziegenkäse, Sahne und Gelatine verrühren. Die Walnüsse und den Schnittlauch untermischen, dann mit Salz und Pfeffer abschmecken. Die Kastenform mit Plastikfolie auslegen und die Käsecreme einfüllen. Für mindestens 5 Std. in den Kühlschrank stellen, dann mit Hilfe der Folie auf ein Holzbrett stürzen und am besten mit einem Elektromesser in Scheiben schneiden und servieren.

Der feine Unterschied zwischen Pastete und Terrine besteht darin, dass die Pastete in einen Teigmantel gehüllt ist. Den ungesüßten Mürbteig für die Pastete kann man sehr gut selbst zubereiten, oder wer es einfacher mag, nimmt fertigen Blätterteig. Für die Zubereitung der Füllung, der Farce, benötigt man einen Fleischwolf mit feiner Scheibe. Welches Fleisch man verwendet, bleibt ganz dem Geschmack überlassen, auch Fische wie Lachs oder Forelle eignen sich.

Als Würze hat sich über die Jahrhunderte eine Mischung aus herben und süßen Aromen bewährt. Klassische Beigaben sind Pfeffer, Lorbeer, Majoran, Rosmarin, Salbei, Muskat, Zimt, Piment, Kardamom und Nelke. Wer alle Zutaten parat hat, kann, am besten bei guter Musik und zwei Tage vorher, ganz entspannt das Festessen vorbereiten.

### FLEISCHPASTETCHEN

*Zutaten für 4 Personen: Für den Teig: 500 g Mehl, 250 g Butter, Salz, 2 Eier. Für die Füllung: 1 altbackenes Brötchen, 700 g Schweinefleisch, 175 g fetter Speck, 100 g Räucherspeck, 3 Schalotten, 2 Knoblauchzehen, 1 Ei, Salz, Pfeffer, Pastetengewürz. Außerdem: Butter für die Formen, 1 Eigelb zum Bestreichen.*

Zubereitung: Das Mehl in eine Schüssel sieben und in die Mitte eine Vertiefung drücken. Die Butter in Flöckchen, Salz, Eier und 2 EL Wasser in die Vertiefung geben, rasch verkneten, zur Kugel formen und in Frischhaltefolie gewickelt ca. 2 Std. in den Kühlschrank stellen. Brötchen in lauwarmem Wasser einweichen. Schweinefleisch, fetter Speck und Räucherspeck durch den Fleischwolf (mit grober Scheibe) drehen. Schalotten und Knoblauchzehen schälen und fein hacken. Mit ausgedrücktem und zerrupftem Brötchen, Ei, Salz, Pfeffer, Pastetengewürz zum Fleisch geben und gut vermischen. Teig in 8 Stücke teilen, ca. 5 mm dick ausrollen. Kleine Porzellanformen ausbuttern und mit der Hälfte des Teiges auskleiden, die Fleischmasse hineingeben. Den restlichen Teig ausrollen und auf die Füllung legen, andrücken. Mit Teigresten gegebenenfalls verzieren und mit Eigelb bepinseln. In der Mitte ein rundes Loch ausstechen. Im vorgeheizten Ofen (bei 180 Grad Umluft) ca. 45–60 Minuten backen, herausnehmen. In den Formen etwas abkühlen lassen, dann herauslösen und warm oder kalt servieren.

### HERZPASTETE

*Zutaten für 4 kleine Herzen: 500 g Blätterteig (frisch oder TK). Für die Füllung: 600 g Hackfleisch, 1 Stange Lauch, 2 Knoblauchzehen, 200 g Champignons, 2 EL Butterschmalz, Salz, Pfeffer, 2 Stängel Petersilie, 300–400 g geriebener Käse z. B. Bergkäse. Außerdem: 1 Eigelb.*

Zubereitung: Den Blätterteig gegebenenfalls auftauen, aufeinanderliegend in 3 Teile teilen. 2 Teile wiederum aufeinanderlegen und auf leicht bemehlter Arbeitsfläche zu einer großen dünnen Fläche ausrollen. 4 lange, ca. 5–6 cm breite Streifen ausschneiden, aus dem Rest 4 Herzen ausstechen. Die Herzen in die Formen geben, die Streifen am Rand in die Formen legen und die Nahtstelle gut andrücken. Kühl stellen. Den Lauch der Länge nach halbieren, waschen, putzen und in feine halbe Ringe schneiden. Die Knoblauchzehen abziehen und fein hacken. Die Petersilie waschen, trocken schütteln und grob hacken. Die Pilze mit einem Küchenkrepp abreiben und in feine Scheiben schneiden. Butterschmalz in einer Pfanne erhitzen und das Fleisch darin krümelig braten, die restlichen Zutaten zugeben und unter Rühren ca. 3–5 Min. weiterbraten. Mit Salz und Pfeffer abschmecken. Die Mischung mit ¾ vom Käse mischen und in die mit Teig ausgelegten Förmchen füllen. Den restlichen Blätterteig ausrollen und nochmals 4 Herzen ausschneiden. Mit den Herzen die Formen abdecken, wieder gut am Rand festdrücken. Das Eigelb mit wenig Wasser verrühren, die Oberflächen damit einstreichen und mit dem restlichen Käse bestreuen. Bei 200 Grad im vorgeheizten Ofen ca. 30–35 Min. goldgelb backen, sofort heiß servieren.

# Rezepte

### SCHINKENTERRINE
*Zutaten für 4–6 Personen: 500 g gekochter Schinken, 8 Scheiben Parmaschinken, 1 Kalbsfuß (vom Metzger einmal durchgehackt), 150 g Butter, 400 ml Schmand, 100 g Pistazienkerne, 2 Blatt Gelatine, ½ Flasche Weißwein (Muscadet), 1 Glas Pineau des Charentes (Likörwein), 3 Schalotten, 1 Knoblauchzehe, Blätter von zwei Estragonzweigen, 1 Nelke, 1 Kräutersträußchen (mit Petersilie, Thymian, Lorbeer), 1 EL rote Pfefferkörner, Pfeffer aus der Mühle.*

Zubereitung: Die Pistazien 5 Min. in kochendes Wasser legen. Dann unter kaltem Wasser abspülen. Die Haut entfernen. Den Schinken in dicke Stücke schneiden und zusammen mit der Butter und dem Schmand durch die feinste Scheibe des Fleischwolfs zu einer dicken Creme drehen. Die Pistazien unterrühren. Die Schalotten schälen und fein hacken. Den Kalbsfuß zusammen mit den Schalotten, dem zerdrückten Knoblauch, dem Kräutersträußchen, der Nelke und dem Weißwein in einen Topf geben. Gut pfeffern. 20 Min. bei mittlerer Hitze einkochen lassen. Die Gelatine in 1–2 EL kaltem Wasser einweichen, dann abtropfen lassen. Die kochende Flüssigkeit aus dem Topf durch ein Filter in eine Schüssel gießen. Die Gelatine darin auflösen, dann den Likörwein angießen. Den Boden einer Terrinenform mit 2 Scheiben Parmaschinken belegen. 1–2 EL von der flüssigen Gelatine darüberstreichen, dann 1/3 von der Schinkenmasse darüberstreichen. Den Vorgang noch zweimal mit den entsprechenden Zutaten wiederholen und mit Parmaschinken abschließen. Die restliche Gelatine darübergießen und mit den roten Pfefferkörnern und den Estragonblättern bestreuen. Die Terrine ca. 2–3 Std. in den Kühlschrank stellen. In Scheiben geschnitten servieren. Dazu passen grüner Salat und frisches knuspriges Weißbrot.

**Terrine:**
**Geschichtet wird im Wechsel**
*Bei der klassischen Terrine wird der Boden der Form mit einigen Scheiben Speck ausgekleidet. Sie können aber auch je nach Rezept Schinken- oder dünne Fleischscheiben dazu nehmen. Die Füllung besteht aus der Farce, das ist die fein gehackte und im Fleischwolf gemahlene Masse, sowie festen Einlagen*

### KALBFLEISCHTERRINE MIT ORANGEN
*Zutaten für 6 Personen: 500 g Kalbfleisch, 2 Bio-Orangen (1 für Zesten und Saft, 1 für Orangenscheiben), 2 Schalotten, 9 Blatt Gelatine, 50 ml Cognac, 20 g Butter, 10 schwarze Pfefferkörner (zerstoßen), 5 Wacholderbeeren, Salz.*

Zubereitung: Die Schale einer Orange komplett, einschließlich der weißen Schale, mit dem Messer abschälen und die Frucht in dünne Scheiben schneiden. Von der zweiten Orange nur die äußere Schale abschälen und in feine Streifen schneiden. Alternativ dazu gleich einen Zestenreißer verwenden und die Schale in dünnen Streifen von der Frucht abziehen. Den Saft dieser Orange auspressen. Die Zesten dreimal für jeweils 5 Min. in kochendes Wasser tauchen und dabei jedes Mal das Wasser wechseln. Schalotten schälen, fein hacken und 2 Min. in Butter anschwitzen. Backofen auf 210 Grad vorheizen. Kalbfleisch in kleine Stücke schneiden und in eine Terrine füllen. Zerstoßenen Pfeffer, Wacholderbeeren, gehackte Schalotten und Orangenzesten mit dem Fleisch einfüllen. Das Fleisch mit Salz würzen und Cognac darübergießen. Den Deckel auflegen und die Schüssel für zwei Stunden in den Ofen schieben. Terrine aus dem Ofen nehmen und abkühlen lassen. Orangensaft in einen Messbecher füllen und mit Wasser auf 300 ml auffüllen. Den Saft aufkochen und gleichzeitig die Gelatine in kaltem Wasser einweichen. Eingeweichte Gelatine ausdrücken. Orangensaft vom Herd nehmen, die Gelatine darin auflösen und gut mit einer Gabel verquirlen. Sobald die Terrine abgekühlt ist, Orangengelee darübergießen und Orangenscheiben darauflegen. Mindestens 3 Std. kühl stellen.

# Einladung zum Sylvestermenü

Seeteufel mit Salbei im Speckmantel

*Der letzte Abend des Jahres ist angebrochen und mit ihm köstliche Momente...*

### Das kulinarische Finale
*Nichts ist schöner, als das alte Jahr mit einem stimmungsvollen Essen ausklingen zu lassen. Zum Aperitif servieren wir Cocktails und raffiniertes Fingerfood. Als Vorspeise Weinschaumsuppe mit Backerbsen*

The same procedure as last year?, möchte man in Anlehnung an das „Dinner for one" am Silvesterabend fragen, der gleiche Ablauf wie im letzten Jahr?
Dieses Kultstück stimmt humorvoll auf die letzte Nacht des Jahres ein, wenn Miss Sophie alle Jahre wieder ihren 90. Geburtstag mit einem Vier-Gänge-Menü begeht. Wir machen uns ein Vergnügen daraus. Statt der imaginären Freunde Sir Toby, Admiral von Schneider, Mr. Pommeroy und Mr. Winterbottom haben wir ganz lebendige Gäste eingeladen. Leider steht uns kein so patenter Helfer wie Butler James zur Seite, der die Nerven bewahrt und jede Situation mit Contenance meistert.

In dieser Nacht schwingen so viele Erwartungen mit, da tut ein wenig britischer Humor einfach gut. Allerdings weicht unser Dinner in diesem Jahr etwas vom Bühnenstück ab – so kann der Küchenmeister das Menü stressfrei arrangieren: Canapé-Variationen in

Weinschaumsuppe

### Es perlt im Glas
*Die Stunden bis Mitternacht scheinen sich am Silvesterabend immer besonders in die Länge zu ziehen – erst dann wird feinperlender Champagner ausgeschenkt, um auf das neue Jahr anzustoßen*

### Glanzvoll
*Um diesen Abend stimmungsvoll in Szene zu setzen, haben wir gläserne Pokale aufgestellt und Lichterketten, Äpfel und Chinabeerenzweige hineindrapiert – ein geheimnisvoll leuchtendes Arrangement*

**Verträumte Zeichen**
*Zum Menü empfängt ein festliches Tischgedeck mit Silberherz und Schleife. Augenblicke bestaunen wir das liebevolle Arrangement, dann wird das Essen aufgetragen*

Form von Kleeblättern und Räucherlachs-Mousse zum Aperitif lassen sich gut vorbereiten, ebenso das Carpaccio von Jakobsmuscheln. Einzig die Weinsuppe und der Hauptgang, Seeteufel mit Salbei im Speckmantel, verlangen noch etwas Aufmerksamkeit in der Küche, dazu gibt es Coleslaw – Krautsalat. Um der guten Omen willen schließen sich Berliner mit „Schornsteinfegerprint", Glückskekse und Knallbonbons an. Champagner perlt in den Gläsern, wenn wir bis in den Morgen ganz im Geiste von Miss Sophie feiern. Nach dem Essen ziehen wird uns jedoch nicht zurück, sondern tanzen schwungvoll ins neue Jahr. The same procedure as every year!

**Martini-Cocktail**
*Er ist einer der berühmtesten Klassiker – die Hauptzutat beim Zubereiten und Servieren ist Stil. In der gut gekühlten Martini-Schale mit einer aufgespießten Olive reichen wir den Cocktail als Aperitif vor dem Silvestermenü.*

*Glückskekse und Knallbonbons in Chinapapier enthalten Sprichwörter und nette Wünsche für das neue Jahr*

**Köstliche Kleeblätter**
*Ein „Glückstoast" verspricht einen guten Start ins Jahr. Es besteht aus würzig gefüllten Sandwichherzen, die mit Schnittlauchröllchen bestreut und dann zum Kleeblatt zusammengesetzt werden*

# Zum Reinbeißen:
# Glückssymbole

Glückstoast

### COLESLAW (KOHLSALAT)

*Zutaten für 8 Portionen:*
*1 kleiner Weißkohl (1,5 kg), Salz,*
*1 Staudensellerie, 4 Möhren,*
*1 Bund Lauchzwiebeln.*
*Für die Salatsoße: 100 g Mayonnaise,*
*100 g saure Sahne, 2 EL Zitronensaft,*
*Zucker, frisch gemahlener Pfeffer.*

Zubereitung: Den Kohl putzen, vierteln und den Strunk entfernen. Kohl in feine Streifen schneiden, mit 2 TL Salz vermengen und mit dem Kartoffelstampfer gut durchstampfen, damit er zart wird. Sellerie putzen und in Scheiben schneiden. Möhren schälen, abspülen und grob raspeln. Die Lauchzwiebeln putzen, abspülen und in dünne Ringe schneiden. Alle Zutaten für die Salatsoße verrühren und mit Salz und Pfeffer abschmecken. Gemüse und Salatsoße vermengen und 2–3 Std. im Kühlschrank durchziehen lassen.

### RÄUCHERLACHS-MOUSSE AUF TOASTTALERN MIT KAVIAR

*Zutaten für 4 Personen:*
*5 Blatt weiße Gelatine, 250 g Räucherlachs,*
*Salz, 1 EL Zitronensaft, 250 ml Schlagsahne,*
*weißer Pfeffer aus der Mühle, 2 Zweige Dill,*
*4 cl Wodka, 50 g Kaviar, 8 Scheiben Toastbrot, einige Zitronenschnitze.*

Zubereitung: Die Gelatine in kaltem Wasser einweichen. Den Lachs fein würfeln, im Mixer mit Salz und 2 EL Zitronensaft fein pürieren, dabei nach und nach die Hälfte der Sahne dazugießen, die Farce in eine Schüssel geben und mit Salz und Pfeffer würzen. Gelatine ausdrücken und im erwärmten Wodka auflösen, etwas abkühlen lassen, unter die Farce rühren. Restliche Sahne steif schlagen und unterziehen. Die Mousse mit Folie abdecken, kalt stellen und mindestens 4 Stunden gelieren lassen. Zum Servieren Toastbrote toasten, rund ausstechen, die Hälfte mit einer Nocke Mousse versehen, die andere Hälfte mit der restlichen Mousse bestreichen und aufeinandersetzen. Je 1 Espressolöffel Kaviar rechts und links auf die Nocke geben, mit abgezupftem Dill und einem Zitronenschnitz garnieren.

### CARPACCIO VON JAKOBS-MUSCHELN MIT LACHSKAVIAR

*Zutaten für 4 Personen:*
*10 Jakobsmuscheln (ca. 2 bis 3 kg),*
*30 g Parmesan am Stück, 1/2 Bund Dill,*
*1 Zitrone, 10 EL extra natives Olivenöl,*
*Salz und Pfeffer aus der Mühle,*
*2–3 EL Lachskaviar.*

Zubereitung: Die Jakobsmuscheln mit einem Messer öffnen. Fransen, Bart und schwarze Weichteile entfernen, Muschelfleisch entnehmen und gründlich unter fließendem Wasser abspülen, um es vom Sand zu befreien. Von dem Parmesankäsestück mit Hilfe des Sparschälers Späne abziehen. Zitronensaft, Olivenöl, Salz und Pfeffer zu einer Vinaigrette verrühren. Vier Teller damit bestreichen und etwas Parmesan, Pfeffer und Salz darüberstreuen. Das Muschelfleisch in hauchdünne Scheiben schneiden und diese rosettenartig auf den Tellern verteilen. Nun auch die Jakobsmuschelscheibchen mit der Vinaigrette bestreichen und ein wenig feines Salz und Pfeffer aus der Mühle darüber geben. Carpaccio mit Lachskaviar und Dillfähnchen garniert anrichten.

# Rezepte

### SEETEUFEL MIT SALBEI IM SPECKMANTEL

*Zutaten für 4 Personen: 4 möglichst dünne Rückenstücke vom Seeteufel (à 150 g), 8 Scheiben Speck, Salz, Pfeffer, 2 Teelöffel Zitronensaft, 4 Zweige Salbei, 1 Zwiebel, 2–3 EL Distelöl, 200 ml Fischfond, Salbei zum Garnieren, 2 TL Speisestärke.*

Zubereitung: Die Zwiebel schälen und in feine Streifen schneiden. Das Rückgrat des Seeteufels entfernen, den Fisch mit Zitronensaft einpinseln, einige Minuten ziehen lassen. Dann trockentupfen und den Spalt vom Rückgrat mit je einem Zweig Salbei füllen. Den Fisch leicht mit Pfeffer würzen. Je zwei Speckscheiben leicht überlappend aneinander legen und ein Fischstück darin einhüllen. Mit Zahnstocher oder Küchengarn fixieren und in Öl rundherum anbraten, herausnehmen und warm stellen. Die Zwiebelstreifen in derselben Pfanne braun braten, mit Fischfond ablöschen und abschmecken. Nach Belieben mit wenig in Wasser angerührter Speisestärke binden. Den Fisch zurück in die Soße geben und einige Minuten darin ziehen lassen. Auf vorgewärmten Tellern anrichten und mit Salbei garnieren. Dazu passen Bandnudeln.

**Neujahrsbotschaft**
*Nach dem Abkühlen der Berliner (Rezept auf Seite 30) eine Schablone (ggf. selbst aus Pappe ausschneiden) auflegen und mit Puderzucker fein bestäuben*

### GLÜCKSTOAST

*Zutaten für 4 Portionen: 8 Scheiben Toast, 300 g Frischkäse, 50 ml Sahne, Salz, Pfeffer, Cayennepfeffer, 2 TL Zitronensaft, 1 EL Tomatenmark, 1/2 TL Paprikapulver edelsüß, 2 Bund Schnittlauch, 2 Frühlingszwiebeln.*

Zubereitung: Frischkäse und Sahne cremig rühren und mit Salz, Pfeffer, Cayennepfeffer und Zitronensaft abschmecken. Käsecreme halbieren und unter eine Hälfte Tomatenmark und Paprikapulver rühren. Schnittlauch waschen und in Röllchen schneiden. Die Hälfte der Brotscheiben mit Frischkäse, die andere Hälfte mit Tomatenfrischkäse bestreichen. Brotscheiben mit Frischkäse auf jene mit Tomatenfrischkäse setzen, mit einem herzförmigen Ausstecher 16 Herzen ausstechen und diese mit Schnittlauch bestreuen. Die Sandwichherzen auf vier Teller zu Kleeblättern zusammensetzen und je ein Stück Frühlingszwiebelgrün dazulegen.

### WEINSCHAUMSUPPE MIT BACKERBSEN

*Zutaten für 4 Personen: 500 ml Hühnerbrühe, 500 ml Prosecco, 1 Schalotte, 2 EL Butter, 1 EL Mehl, 250 ml Sahne, 50 g geriebener Parmesan, 2 Eigelb, Salz, Pfeffer aus der Mühle, 100 g Backerbsen, 2 EL Kerbel, gehackt.*

Zubereitung: Schalotte schälen, fein hacken und in 1 EL Butter glasig schwitzen, mit Brühe und Prosecco aufgießen und um die Hälfte reduzieren lassen. Mehl mit 1 EL Butter verkneten und mit einem Schneebesen in die Suppe einrühren, ca. 5 Min. köcheln lassen, dann Sahne und Parmesan einrühren, aufkochen lassen, vom Herd ziehen und mit verquirltem Eigelb legieren, mit Salz und Pfeffer abschmecken. Die Suppe in Schälchen anrichten und mit Backerbsen und Kerbel bestreut servieren.

### MARTINI-COCKTAIL

*Zutaten für 2 Cocktails: 8 cl Gin, 4 cl trockener Wermut, 2 Oliven.*

Zubereitung: Gin und Wermut in einem hohen Glas mit einigen Eiswürfeln gut miteinander verrühren. Dann den Martini in vorgekühlte Schalen seihen. Olive auf einen Cocktailsticker picken, ins Glas geben und servieren.

## Fotonachweis

akg images: S. 161 o. mitte, S. 162 o. mitte
ASA: S. 121 o. links, S. 123 o. links
Arco Images: S. 88 o. mitte, S. 89 mitte rechts
Sonja Bannick: S. 4/5, S. 78/79, S. 80 o. rechts + u. links, S. 81 unten, S. 82 o. rechts, S. 131, S. 133 o. links, S. 134 o. rechts + u. links, S. 135 o. rechts
Bilderberg: Dominik Obertreis: S. 21 o. links
Bildagentur Huber: Angeli Nicola: S. 15 oben / Limmatdruck: S. 126 u. links, S. 128 u. rechts
Uwe Bick/Prod.: C. Mareth: S. 65, S. 72, S. 77 o. links
BLV Buchverlag / „Basilikum – der Geschmack des Südens" von Herbert Winken: S. 107 o. rechts
Bernd Böhm/Produktion: Angelika Dietzmann. S. 27, S. 32, S. 33 u. links, S. 34 o. links, S. 35 großes Bild, S. 36 o. links + rechts, S. 73 o. links + u. rechts, S. 74 o. rechts, S. 76 o. links, S. 84, S. 86, S. 87 oben + u. links, S. 88 mitte rechts, S. 89 o. mitte + u. links, S. 91 oben + mitte links, S. 129, S. 136, S. 138, S. 139 o. links, S. 140 o. rechts + u. links, S. 142, S. 144 o. links + unten, S. 145 o. + u. links, S. 153, S. 154, S. 155 oben, S. 156 o. rechts, S. 157
Corbis: Joshua Ets-Hokin: S. 68 u. links / Photocuisine: S. 109 mitte, S. 110 o. links / Brad Simmons: S. 18 mitte links
Flora Press: S. 118 o. rechts / Endress: S. 66, S. 67 u. links / Practical Pictures: S. 93 o. links, S. 118 o. links, S. 119 mitte links
gettyimages: Fancy: S. 161 o. rechts / Jonatan Fernström: S. 16 mitte, S. 116 u. links / Robin Mac Dougall: S. 105 o. mitte / Ngoc Minh: S. 105 o. rechts / Photolibrary: S. 55 u. links / Ryan McVay: S. 18 oben
Susapne Grüters: S. 69 o. rechts + u. links, S. 106 o. mitte + rechts
Silvia Hämmerle: S. 149 o. links
Jahreszeiten Verlag: Ariadne Ahrens: S. 109 o. rechts/ U. Beckert: S. 24 u. links / Jan Brettschneider: S. 61 o. rechts, S. 62 mitte, S. 64 o. rechts, S. 169 u. links / Gräfe und Unzer/Teubner: S. 62 u. rechts, S. Julia Hoersch: S. 87 o. rechts, S. 89 o. rechts, S. 139 u. links / Ulrike Holsten: S. 81 oben, S. 83 u. rechts / Bernd Jonkmanns: S. 121 o. mitte / Wolfgang Kowall: S. 62 u. links, S. 76 u. links, S. 77 o. rechts, S. 114, S. 117 kl. Bild / Kramp + Golling: S. 55 u. rechts, S. 59 mitte rechts, S. 85, S. 90 mitte links + u. links, S. 91 o. rechts / Matteo Manduzio: S. 171 u. links / Mads Mogensen: S. 126 o. links / Joern Rynio: S. 62 o. links / Wolfgang Schardt: S. 105 u. rechts, S. 107 u. links / Jeanette Schaun: S. 12 u. links, S. 68 u. rechts / Oliver Schwarzwald: S. 70 u. links / Olaf Szczepaniak: S. 125 o. links / Eckard Wentorf: S. 123 u. rechts / Jan-Peter Westermann: S. 175 o. rechts / Götz Wrage: S. 105 mitte rechts / G. Zimmermann: S. 45, S. 74 u. links
Petra Jarosch: S. 5
Olaf Johannson: Umschlag vorne u. rechts, S. 3 o. mitte
Juniors Bildarchiv: S. 41 oben
Just Fine Shop: S. 167 u. rechts
mauritius images: S. 93 mitte, age: S. 172 u. rechts, S. 175 u. rechts / Photononstop: S. 41 unten / Marc Gilsdorf: S. 73 o. rechts, S. 96 u. links
MEV: S. 47 o. mitte, S. 51 u. mitte, S. 52 u. links
MIG/Bischof: S. 61 o. links
Miracel Whip: S. 47 unten
MSG/A. Ichters: S. 105 u. links
Marion Nickig: S. 70 u. rechts
Photocuisine/Desgrieux: S. 169 o. rechts / Sudres: S. 165 / Viel: S. 168 o. mitte
Picture Press: Brigitte/Thomas Neckermann: S. 174 o. links / Camera Press: S. 42 / Essen und Trinken/Ole Graf: S. 172 o. links / Ulrike Holsten: S. 172 u. links / Maike Jessen: S. 175 o. mitte / Richard Stonehause: S. 171 u. rechts
Reinhardt: S. 92, S. 93 o. rechts, S. 94 o. rechts + mitte, S. 96 o. links + u. links
Martina Schindler: S. 70 o. rechts
shutterstock: S. 159 o. mitte
Friedrich Strauß: S. 151 o. links
Villa Collection: S. 2
Villeroy & Boch: S. 9 o. rechts
www.heimatwerk.ch.: S. 15 unten

Stock Food:
Chris Alack: S. 55 oben, S. 59 o. links
Klaus Arras: S. 29 o. mitte, S. 111 u. links (2), S. 112 u. links, S. 147 u. rechts
Arras/Gong: S. 160, S. 164 o. links
Dorota i Bogdan Bialy: S. 10 o. rechts, S. 13 o. links, S. 26, S. 30 o. mitte, S. 31 o. mitte + u. links, S. 44 mitte, S. 101, S. 171 u. links, S. 175 u. links
Harry Bischof: S. 16 unten, S. 18 unten, S. 47 o. links, S. 48 u. links, S. 49, S. 50 o. rechts, S. 51 o. links + u. rechts, S. 52 mitte links + u. rechts, S. 60 kl. Bild, S. 64 o. links, S. 88 mitte rechts, S. 89 u. rechts, S. 100 rechts, S. 106 o. links, S. 107 mitte rechts, S. 134 o. links, S. 135 mitte rechts, S. 137 oben, S. 140 o. links, S. 149 u. rechts, S. 152 u. links
Blickpunkte: S. 121 o. rechts, S. 123 u. links, S. 132 o. links
Barbara Bonisolli: S. 146 u. mitte, S. 147 o. links, S. 156 o. links, S. 159 o. links, S. 162 o. rechts, S. 164 u. links
Elke Borkowski: S. 70 o. links
Michael Boyny: S. 48 o. rechts, S. 51 o. links, S. 100 links, S. 103 u. rechts
Michael Brauner: S. 29 unten, S. 115 oben, S. 119 o. links, S. 139 u. rechts, S. 140 u. rechts, S. 162 o. links
Gerhard Bumann: S. 21 u. links
Gerrit Buntrock: S. 3 o. links, S. 99 o. mitte
Caspar Carlott: S. 149 o. rechts, S. 152 o. links
James Carriere: S. 127 u. links, S. 128 mitte rechts
Alain Caste: S. 60
Rua Castillo: S. 161 mitte
Shaun Cato-Symonds: S. 167 o. links
Jean Cazals: S. 12 o. rechts, S. 13 u. rechts, S. 20, S. 22 o. rechts, S. 25 mitte + u. rechts
Walter Cimbal: S. 22 mitte
Dan Coha Photography: S. 100 oben
Flávio Coelho: S. 11
Michael Cogliantry: S. 79 kl. Bild, S. 83 o. links
Neil Corder Photography: S. 24 o. links
Frank Croes: S. 94 o. links, S. 96 o. rechts
Sara Danielsson: S. 102 rechts
Achim Deimling-Ostrinsky: S. 44 o. rechts, S. 71 u. rechts, S. 109 o. links, S. 112 mitte links, S. 141, S. 150, S. 152 u. mitte
J. Demeurs/Pili Pili: S. 95 u., S. 96 mitte rechts
Thom DeSanto: S. 15 mitte links
Eising: Umschlag vorne, S. 18 mitte rechts, S. 104
Susie M. Eising: S. 76 o. rechts, S. 77 o. rechts, S. 118 u. links, S. 124, S. 128 o. links
L. Ellert: S. 34 o. rechts, S. 37 u. links, S. 38 o. links, S. 173, S. 175 mitte rechts
Ingvar B Eriksson: S. 30 o. rechts, S. 31 o. rechts, S. 121 u. links
Feig/Feig: S. 171 o. links
Eric Fenot: S. 167 mitte links, S. 168 o. rechts
Marc O.Finley: S. 34 unten, S. 36 unten, S. 37 o. rechts, S. 38 u. links, S. 90 oben, S. 91 u. rechts
Foodcollection: S. 1, S. 8, S. 12 u. rechts, S. 13 o. links, S. 17 unten, S. 19 o. rechts, S. 29 u. rechts, S. 33 u. rechts, S. 35 kl. Bild, S. 37 u. links, S. 38 o. rechts + u. rechts, S. 174 o. mitte
Foodfolio: S. 10 o. links
Food Image Source/Sharon Gottula: S. 110 o. mitte, S. 111 o. links
FoodPhotogr. Eising: S. 6, S. 14, S. 15 mitte rechts, S. 19 u. links + rechts, S. 21 o. + u. rechts, S. 22 o. + u. links, S. 25 o. rechts + u. links, S. 28, S. 30 u. rechts, S. 31 o. links, S. 40/41, S. 43 o. rechts + rechts, S. 54, S. 57, S. 59 o. rechts, S. 67 u. rechts, S. 75, S. 77 mitte links, S. 122 o. rechts, S. 123 mitte rechts, S. 143 o. rechts, S. 144 o. rechts, S. 145 u. links + rechts, S. 148, S. 149 u. mitte, S. 151 o. mitte, S. 156 unten, S. 158 u. links, S. 162 mitte, S. 164 mitte rechts, S. 172 o. rechts, S. 176, Umschlag hinten mitte
FoodPhotography: S. 43 o. rechts
Gabula Art-Foto: S. 159 o. rechts
Jan Garlick: S. 167 o. rechts, S. 168 u. links
Alain Gelberger: S. 106 o. links, S. 107 u. rechts
Christine Gille: S. 30 u. links
Alexandra Grablewski: S. 122 unten
Joshua Greene: S. 17 oben
Louise Hammond: S. 82 u. links, S. 83 o. links
Winfried Heinze: S. 102 links
Matthias Hoffmann: S. 103 o. rechts
Ulrike Holsten: S. 53, S. 63
A. Hrbková: S. 33 oben, S. 37 o. links, S. 71 mitte rechts, S. 126 u. rechts, S. 127 u. rechts, S. 132 o. rechts, S. 151 unten, S. 155 unten, S. 158 u. links

Akiko Ida: S. 98, S. 103 mitte rechts
L`Imamaginario: S. 143 unten, S. 145 o. rechts
Image Source/Sharon Gottula: S. 110 o. rechts, S. 111 o. links
Dave King: S. 71 mitte links, S. 109 u. links, S. 112 o. links
Jo Kirchherr: S. 24 u. rechts
Ulrike Koeb: S. 68 u. rechts
Anneliese Kompatscher: S. 17 unten, S. 19 o. links
Roland Krieg: S. 80 u. rechts, S. 82 o. links, S. 83 mitte rechts, S. 110 u. links, S. 111 mitte links, S. 139 o. rechts, Umschlag hinten links
Kröger-Gross: S. 48 u. rechts, S. 106 u. rechts
Jörg Lehmann: S. 116 mitte, S. 119 o. rechts
Nicolas Leser: S. 122 o. mitte
Matilda Lindeblad: S.7, S. 23, S. 25 o. links, S. 82 u. rechts
Ninpraphia Lippert/Kaktusfactory: S. 69 o. links
Louise Lister: S. 24 o. rechts, S. 44 o. links, S. 58
David Loftus Limited: S. 161 o. links, S. 164 o. rechts
Losito Losito snc: S. 163, S. 164 u. rechts
Barbara Lutterbeck: S. 113, S. 125 o. links, S. 128 o. rechts
Sabine Mader: S. 16 mitte rechts
Maximilian Stock Ltd: S. 48 u. links, S. 69 u. rechts
Alison Miksch: S. 99 mitte rechts, S. 103 o. links
Ngoc Minh & Julian Wass: S. 74 u. links, S. 105 o. links, S. 107 o. links
Alberto Moretto: S. 80 u. links, S. 83 mitte rechts, S. 147 u. links
Karl Newedel: S. 120, S. 145 u. mitte, S. 146 o. rechts, S. 147 u. links
P. Nilsson: S. 143 o. links, S. 145 u. links
Paolo Nobile: S. 133 unten
Kia Nu: S. 111 u. links
Deborah Ory: S. 13 u.
Per Magnus Persson: S. 10 u.
Photocuisine/Y. Bagros: S. 111 u. links
Antje Plewinski: S. 50 u. links, S. 52 mitte rechts, S. 127 o. rechts
Rauzier-Riviere: S. 44 u.
Peter Rees: S. 68 oben
Jean-Francois Rivière: S. 170, S. 174 o. rechts, S. 175 o. links
Lew Robertson: S. 88 u. links, S. 89 u. links
Deirde Rooney: S. 146 u. rechts, S. 147 o. rechts
J. Rynio: S. 102 oben, S. 126 o. rechts, S. 128 u. links
Giorgio Scarlini: S. 56 oben, S. 59 u. links
Wolfgang Schardt: S. 130, S. 135 o. links
Bodo A. Schieren: S. 112 o. rechts
Martina Schindler: S. 68 o. links
Oliver Schwarzwald: S. 111 o. rechts
Vladimir Shulevsky: S. 95 oben
Evan Sklar: S. 61 o. rechts, S. 64 o. links, S. 108, S. 112 o. links
Joy Skipper Foodstyling: S. 50 o. rechts
Snowflake Studios: S. 116 oben, S. 119 u. links
Brigitte Sporrer: S. 61 o. mitte, S. 64 u. links
Sporrer/Skowronek: S. 134 mitte
Ruprecht Stempell: S. 47 u. links, S. 52 o. rechts
Friedrich Strauß: S. 67 oben, S. 90 mitte rechts, S. 110 o. rechts, S. 137 unten
Studio Schiermann: S. 24 mitte, S. 29 o. rechts, S. 30 u. links, S. 31 u. rechts, S. 133 o. rechts
Roger Stowell: S. 3 o. rechts, S. 99 o. mitte
Sweetdelights: S. 50 o. links, S. 52 o. links
Teubner: S. 71 o. mitte, S. 135 unten
TH Foto: S. 109 mitte links
Debi Treloar: S. 9 o. links
Martina Urban: S. 56 u. links
J. C. Vaillant: S. 166, S. 169 o. links, Umschlag hinten rechts
Frederic Vasseur: S. 56 u. rechts, S. 59 u. rechts, S. 97, S. 99 mitte links, S. 103 o. links, S. 115 unten, S. 151 o. rechts, S. 152 o. rechts
Paul Williams: S. 9 unten, S. 13 o. rechts
Bernhard Winkelmann: S. 39, S. 43 unten, S. 46, S. 51 o. rechts, S. 117, S. 119 u. rechts, S. 122 o. links, S. 123 o. rechts, S. 158 oben

## Autorenachweis

Heike Behrens: S. 8-13, S. 14-19, S. 32-38, S. 46-52, S. 78-83, S. 86-91, S. 98-103, S. 124-128, S. 130-135, S. 136-140, S. 142-147, S. 148-152, S. 154-159, S. 171-175

Birgit Eichinger: S. 108-112

Karin Heimberger-Preisler: S. 20-25, S. 28-31, S. 54-59, S. 60-64, S. 92-96, S. 104-107, S. 120-123, S. 166-169

Astrid Salewski: S. 72-77, S. 114-119, S. 160-164